MEMOIRES POUR SERVIR DE SUITE A L'HISTOIRE DE MADEMOISELLE CRONEL DITE FRETILLON.

Ci-devant Actrice de la Comédie de Rouen, & présentement de la Comédie de Paris.

A LA HAYE,
AUX DÉPENS DE LA COMPAGNIE.
M. DCC. L.

MEMOIRE

POUR

Mr. LE MARQUIS DE***,

CONTRE

LA DEMOISELLE

CRONEL-FRETILLON-CLERON.

Actrice de la Comédie Françoise de Paris.

SI la présomption toujours fausse dans ses raisonnemens, ne séduisoit pas notre Esprit par les vains préstiges de l'Imagination, combien de desseins hazardés, de démarches folles & téméraires ne nous épargnerions-nous pas? Opinion trop avantageuse de soi-même, dangereuse manie, qui pervertit l'ordre, confond les états

& détruit l'harmonie de la Société. On ſe livre en aveugle aux mouvemens déreglés qu'inſpire une vanité mal-entendue. En vain la raiſon indignée ſe ſouleve & veut s'oppoſer aux ſaillies de l'amour propre, on eſt ſourd à ſa voix. Plus de frein, dès qu'il s'agit de s'élever. La plus légére apparence de ſuccès redouble encore le délire. Il n'eſt plus poſſible de ſe renfermer dans les bornes que l'équité preſcrit. L'ambition frivole n'a d'autre guide que le caprice qui bronche à chaque pas, & ſe précipite avec elle. *Il eſt beau de tenter*, maxime erronnée, dont l'application eſt pernicieuſe.

Nous avons ſous nos yeux un triſte exemple de la vérité de ce qu'on vient d'avancer dans la conduite de la Demoiſelle Cleron ; ſes débuts aux deux premiers Théatres de Paris peuvent être mis au rang de ces témérités condamnables qu'on ne ſçauroit rèprimer trop ſurement, & que le Public n'auroit jamais dû permettre.

La Demoiſelle Cleron, connue depuis long-tems ſous le nom de Fretillon, après avoir erré pluſieurs années dans les Provinces, rebutée des fatiques que lui cauſoient les Caravannes continuelles auxquelles

quelles l'assujettissoit son état de Comédienne de Campagne, voulut enfin terminer ses courses à Paris, en prenant la résolution d'y venir fixer son séjour. Le désir d'exposer ses attraits dans un point de vue favorable la conduisit d'abord à l'Opera. Les fastes de ce Spectacle remplis de traits mémorables d'une sagesse souvent trop scrupuleuse, ne l'intimiderent point; l'austère vertu dont on y fait profession ne l'empêcha point d'y présenter une personne dont la scandaleuse Histoire se débite publiquement.

Qui auroit pû s'imaginer que l'indécente Eleve de l'Intendant des plaisirs de la jeunesse de Paris, eût jamais pû formér le projet inoui de se faire inscrire au nombre des Vestales Privilégiées que l'Opera renferme dans sa respectable enceinte? Etoit-il naturel à la Demoiselle Cleron d'oser risquer une entreprise si inconsidérée? devoit elle ignorer que la conduite des Récipiendaires y est examinée avec le soin le plus religieux, qu'on n'y passe rien, que la faute la plus légere n'y est point ménagée. Quel éclat n'occasionnerent pas les jeux, quoiqu'innocens, de trois Prêtresses de ce Temple consacré à la pureté! Tout Paris se ressouvient encore de ce jour fameux dans les Croniques de l'Opera, où trois Déesses (*) de coulisses renouvellerent entre elles la fameuse dispute de la Pomme dorée, en étalant leurs charmes aux yeux d'un Berger (†) moins jeune à la vérité & moins beau que Paris, mais peut-être plus dangereux pour la sureté des appas soumis à son jugement. Ne fut-on pas scandalisé d'apprendre que dans ce conflit de beauté,

(*) Ces trois Déesses sont la PÉLISSIER, la CAMARGO, & la DUVAL autrement la Bulle fille de la Constitution ainsi appellée parce qu'on la croit fille naturelle du CARDINAL BENTIVOGLIO lorsqu'il etoit Nonce en France. Ces trois Déesses étant à diner chez le SR. GRUERE un des Directeurs de l'Opera, voulurent à l'exemple de Junon, Minerve & Venus disputer entre elles du prix de la beauté; les Convives furent pris pour juges de ce différent, mais ceux-ci dirent qu'on ne pouvoit juger la contestation présente qu'en voyant leurs appas dévoilés au grand jour. En conséquence on se transporta à l'issu du diner au Magasin de l'Opera, & là sur un Théatre destiné aux répétitions des Opera, parurent *in puris naturalibus* les trois contendantes aux yeux des Spectateurs qui devoient donner la pomme d'or, à la plus belle.

(†) Le vieux CAMPRA Auteur de la Musique de quelques Opera, qui avoit mis ses Lunettes pour mieux observer les objets exposés à sa vuë.

té, l'envie de triompher avoit fait pousser la licence jusqu'à mettre au jour des attraits qui ne doivent jamais être exposés qu'aux yeux d'un Pharmacopole ou de l'Amour vainqueur? Ces trois charmantes Rivales s'efforcerent, en produisant leurs plus précieuses richesses, de capter la bienveillance de leurs Juges indécis, & de séduire leur intégrité par la vue de leurs immenses trésors. Le soleil même qui avoit été invité à ce singulier spectacle en fut indigné & s'en plaignit amerement à l'Amour qui lui avoit joué ce tour perfide. Voici comme on raconte la chose.

Depuis le jour où captive en ses rets,
Venus parut en attitude honnête,
Le Dieu du jour, qui l'observa de près,
Se repentit d'avoir troublé la fête.
Depuis ce temps tout mistere d'amour,
Gentils débats, jolies litugies,
Lui sont plaisirs interdits pour toujours.
Pour célébrer les nocturnes Orgies,
Amour attend qu'il ait fini son cours,
Et ses bons tours ne se font qu'aux bougies.
Un jour Phœbus tout plein de ses regrets

 Lui

Lui dit : faut-il qu'un éternel myſtere
Á mes regards dérobe tes ſecrets,
Et que la nuit en ſoit dépoſitaire ?
Oublie, Amour, que mes yeux indiſcrets
Ont dévoilé les plaiſirs de ta Mere,
J'ai beau tout voir, il eſt certains attraits....
Ah ! cher Amour, fais que je les éclaire.
Je le veux bien, dit le Dieu de Cythere.
Dans mon Domaine, il eſt certain Palais
Serrail commode, où tu peus t'introduire,
I'y vais, ſuis-moi ; j'ouvrirai les volets.
L'Enfant malin, qui cherche à le ſéduire,
Le mene droit, non dans ces lieux ſacrés,
Des vrais Amours, azile invioblable,
Où tout reſpire une moleſſe aimable,
Mais dans ces lieux des Graces ignorés,
Réduit impur de la luxure impie,
Vieux Temple où gît la Moleſſe accroupie,
Azile enfin où ſe ſont retirés
Amours bâtards à Lampſaque (*) adorés.

phœ-

(*) Lampſaque Ville de l'Aſie mineure où nâquit Priape & où on érigea un Temple à ce Dieu la terreur des Maris & le plus infame des Dieux du Paganiſme. Priape étoit auſſi le Dieu

Phœbus y voit des Prêtresses lascives,
Qui provoquoient des Satyres en feu.
Arme ton char des flammes les plns vives,
Lui dit l'Amour, & nous verrons beau jeu.
Phœbus agit, pénétre, s'insinue.
Bras découverts, & gorge à démi-nue
S'offrent d'abord: ornemens superflus,
Voiles facheux ne tiennent deja plus.
Lieu plus secret, nudité moins connue
S'ensuit bientôt, & le jeu continue,
Tant & si bien qu'à la fin aux regards,
Spectacle entier s'offre de toutes parts.
Lubricité, qui préside à la fête,
S'en applaudit, & soudain elle apprête
D'antiques jeux inconnus de nos jours.

Au

Dieu des Jardins & en cette qualitê il est souvent représenté en forme d'herme ou de terme. Ovide Fast. L. 2. fait parler ainsi le possesseur d'un champ à un de ces Dieux Termes:
Terme, qui que tu sois, ou de bois ou de pierre,
Tu n'es pas moins un Dieu que le Dieu du tonnerre:
Garde que mon voisin ne me dérobe rien;
Mais dans ton poste inébranlable,
Si son avide soc empiettoit sur mon bien,
Crie aussi-tôt comme un beau diable,
Alte-là, mon voisin, voisin insatiable,
C'est là, ton champ, & c'est ici le mien.

Au temps des Grécs Venus aux belles fesses
Avoit un Temple où d'impures Prêtresses
Sacrifioient au plus vil des Amours.
Tel sacrifice, en pareil Sanctuaire,
Convenoit fort. Phœbus avec horreur
Voit célébrer ce profane mystere.
J'ai cru trouver les Graces & ta Mere,
Perfide Amour! quelle étoit mon erreur?
Je crois ici reconnoitre au contraire,
Les noires Sœurs Compagnes de Cerbere.
D'un vain éclat, Vous, qui fûtes frappés,
De vils objets Adorateurs fantasques,
Pendant qu'ici je fais tomber les masques,
Venez, Mortels, & soyez détrompés!
Le Dieu finit. Et ses mains irritées
Ont à nos yeux arraché le bandeau.
Ribauds punis, Laïs décréditées,
Une autrefois tirez mieux le rideau.

On voit que cet événement, quoiqu'amené par une cause très simple & très pardonnable, fit cependant du tort à celles qui y avoient concouru. Quoique plus de mille fois en une heure on montre dans Paris de pareils objets avec aussi peu

peu de mistere, on ne laissa pas de se formaliser de cette prétendue indécence. On interpréta malignement les innocentes intentions des trois Callipyges (*) modernes. On crut qu'elles avoient blessé la dignité de leur état & ce qui n'eût été pour une Femme ordinaire qu'amusement permis & badinage innocent, fut censuré dans des Filles d'Opera. Pourquoi cette prodigieuse différence de jugemens sur les mêmes faits, s'il n'étoit de la derniere évidence qu'il ne suffit pas seulement à une Actrice de n'avoir intérieurement rien à se reprocher, mais qu'elle doit même être exempte de soupçon, & que ce qui peut donner la moindre atteinte à la pudeur, devient une faute grave au Magasin de l'Opera?

J'aurois bien une infinité d'autres exemples à rapporter, si je ne craignois de me trop écarter de mon sujet principal, qu'il est temps de commencer.

Sans examiner s'il est triste pour un homme de condition, d'avoir un procès de la nature de celui-ci, il paroit indispensa-

(*) *Callipyga*, signifie Venus, aux belles fesses. Athenée en parle p. 554. *κάλος* pulcher & *πυγὴ* *nates*.

pensable d'en exposer les causes. On verra d'un côté toutes les foiblesses d'un galant homme, d'un homme de bonne foi; de l'autre tout le manége & toutes les subtilités d'une fille de Théatre.

La Demoiselle Cleron demande à Mr. le Marquis De *** le payement d'une rente de six mille livres qu'il s'est obligé de lui faire tant qu'elle vivra. Elle represente son billet; & par ce billet il paroit que cette rente à vie sera le payement d'une somme considérable que la Demoiselle Cleron a prêtée à Mr. le Marquis.

Il suffit de conter un peu historiquement quel a été le commencement, & la suite de la liaison qui s'est formée entre Mr. le Marquis De. . . . & cette fille, & les causes de leur rupture: l'on verra ensuite si la Demoiselle Cleron est bien fondée à lui demander cette somme.

La Demoiselle Cleron qu'aucune des considérations dont nous venons de parler, n'avoit pû détourner du projet qu'elle avoit formé de monter sur le Théatre de l'Opera, obtint enfin aprés bien des prieres la permission d'y paroitre. Elle débuta par le Rôle de Venus dans l'Opera *d'Hésione*: elle fut fort applaudie, & parmi plusieurs complimens que lui mér-

mérita le ſuccès de ſon début, elle reçut celui-ci, de la part d'un Poëte:

Hier à leur gré, tes ſons mélodieux,
Chere Cleron, moiſſonnoient le ſuffrage,
Et tes attraits toujours victorieux,
Montroient Venus, & frappoient davantage.
Tous les Amours venoient te rendre hommage,
T'applaudiſſoient; c'étoit à qui mieux mieux.
L'aîné de tous quoique d'humeur volage,
S'eſt pour jamais établi dans tes yeux.
Qui l'a fixé? c'eſt ton air gracieux:
Oui, je l'ai vû; j'étois au Parterre,
Lorſqu'à ſa Mere il a fait ſes adieux.
Tant que Cleron reſtera ſur la terre,
Je veux, dit il, abandonner les Cieux.

Mr. le Marquis étoit du nombre des Spectateurs & entendit chanter la petite Fretillon, il admira ces faciles & ſurprenans éclats qui paroiſſent ſurpaſſer la portée des organes humains, ces délicates gradations, cet inflexions juſtes & variées, enfin ce ſentiment & cet eſprit qui étant dans le chant, frappent en même temps

temps l'oreille & le cœur. Il n'en faut pas davantage pour échauffer la tête d'un jeune homme à qui l'argent coûte moins que les soins. Fretillon jeune encore & peu riche de ses prostitutions provinciales, aimoit deja les hommes qui pensoient ainsi. Mr. le Marquis la vit, elle lui plût : mais elle étoit chez sa mere, & le ménage de cette famille indisposa d'abord le nouvel Amant. Il les trouva dans une chambre haute & obscure, n'ayant d'autre ameublement qu'une bergâme & quatre chaises de tapisserie ; le tout cependant propre & neuf, provenant des veilles de quelqu'un qui vivoit en ce tems là.

L'Objet des vœux de Mr. le Marquis qui ne s'étoit point attendu à cette visite, fut surpris dans son état ordinaire. Ce ne fut point-là une Nayade de la Cour de Neptune, chargée des richesses des Mers ; une Flore Amante de Zéphyr ornée des plus belles fleurs du Printems : c'étoit Fretillon vêtue de calmande rayée, coëffée en bonnet de nuit sale, un ruban couleur de rose autour, plus sale encore : son visage étoit démasqué ; son col, sa poitrine maigre étoient dé-

cou-

couverts & chargés d'une couleur jeaunâtre: on y distinguoit librement le travail des muscles.

Fretillon en cet état étoit au coin d'une petite cheminée, occupée à ranimer les cendres de son feu, & à suspendre l'extinction d'un bout de chandelle.

Mr. le Marquis fut surpris & interdit. Ce spectacle lui serra le cœur. La premiere visite fut bientôt faite, après quelques mauvais propos de la part de la Mere & de la fille, il se sauva confus de sa démarche, & se promit bien de ne s'exposer jamais à de pareilles avantures. Il ne connoissoit pas encore le pouvoir des talens & l'enchantement du Théatre. Il rétourna quelques jours après à l'Opera; il y trouva Fretillon métamorphosée en Bergere amoureuse chantant un *duo*. C'étoient des graces timides, des sons tendres & passionnés, des regards pleins de lasciveté, des positions, des attitudes toujours nouvelles & plus intéressantes. Sensuelle Cleron, comment vous dépeindre? seule comparable à vous-même, vous vous êtes ouvert une nouvelle carriere dans laquelle vous avez effacé tout l'éclat des Laïs & des Phrynès anciennes & modernes. Déja l'histoire a consacré les

les rapides faits de votre jeunesse: couronnée de myrthes nombreux vous jòuissez de toute votre rèputation, & sans attendre la postérité vous récueillez une partie, des fleurs destinées pour votre tombeau. Trémoussante, active, intrépide, infatigable Fretillon, vous avez soutenu la gloire d'un nom si célébre! d'abord vous avez mis à contribution les Provinces & déja vous vous préparez à y mettre la Ville & les Faubourgs. Pourquoi faut-il que votre fortune ait d'autres bornes que celles de vos desirs!

L'Applaudissement, qu'on lui donna émût encore le cœur de Mr. le Marquis. Il fut exact à plusieurs représentations de suite; le plaisir qu'il prit l'y attacha si bien qu'il n'eût plus d'autres affaires. Fretillon sçut lui donner tant d'illusions, & les imprimer si profondément dans sa tête qu'il s'accoûtumât à ne voir en elle que ce qu'elle représentoit. Il l'aimoit Venus, & l'adoroit Bergere; il épuisoit sur elle tout son goût pour le changement.

Il se sçut bientôt mauvais gré d'une premiere fausse démarche. Il se reprocha ensuite le dégoût que lui avoit donné sa premiere visite, & demanda enfin à

voir

voir Fretillon, & cette grace lui fut refusée. L'Amant qu'elle avoit alors n'avoit pas trouvé bon que Mr. le Marquis eût été s'asseoir sur ses chaises ; il en craignoit les suites ; il avoit achevé dans l'intervale de meubler la chambre, il s'en rendit le maître & se fit obeir.

Cette porte fermée fut un coup cruel pour M. le Marquis. Il en fut agité, il chercha des expédiens. Son amour nâquit au milieu de cette situation. Il fit si bien qu'il obtînt enfin un rendez-vous dans le Jardin du Palais-Royal.

Les transports de Mr. le Marquis sont incroyables ; le récit n'en seroit pas vrai-semblable. La conclusion fut (& Mr. le Marquis s'y soumit) qu'il aimeroit en second ; qu'il seroit averti des moments commodes, qu'il pourroit même prendre des heures indues où le premier ne se trouveroit pas. Quant aux frais, qu'il se chargeroit seulement du détail de la vie, des mémoires du Rotisseur & du Cabartier.

L'arrangement pris, les Amans se virent le soir. Fretillon s'enyvra aussi bien que Madame sa Mere en buvant les vins du marché ; elles se mirent en gayeté. L'Homme épris lui trouva les yeux tendres,

dres; les dents belles, la peau douce. Il passerent le reste de la nuit dans les délices d'une bonne fortune; & cette nuit fut suivie de plusieurs autres où l'ardeur étoit toujours égale.

Fretillon alors souhaitoit impatiemment chaque jour d'Opera. Elle sentoit bien le besoin qu'elle avoit d'entretenir les illusions qui charmoient son nouvel Amant, & le danger que coure une fille de Théatre, lorsqu'elles s'évanouissent, qu'on est réduit à la voir comme une femme du monde. Plus d'une dans ce cas, s'est vue délaissée pour avoir cessé de jouer pendant quelques mois. Il en est d'autres méme pour lesquelles on craindroit une vacance de 15 jours.

Fretillon chantoit incessamment. Mr. le Marquis l'aimoit tous les jours davantage. Il s'écoula un assez long-tems pendant lequel il manquoit à leur commerce amoureux une certaine liberté qu'ils désiroient continuellement. Le sort enfin mit le comble à leurs vœux en disposant du Rival; & Mr. le Marquis prit alors possession libre & entiere de son Amante.

Vers ce tems la Fortune de Mr. le Marquis grossit prodigieusement; il parvint

vint à un grade éminent dans le Militaire. Fretillon sa concubine en eut le cœur élevé, ce fut alors qu'elle changeât de nom & qu'elle voulût qu'on l'appellât *Mademoiselle Cleron* Elle le signifia même en termes fort expressifs à ses compagnes dans une conversation qu'elle eut avec elles à la fin d'un Opera. *Je chercherai*, leur dit-elle, *tous les moyens possibles pour entretenir la bonne intelligence entre nous, mais quiconque m'appellera encore Fretillon peut compter*, ajouta-t-elle, *que je lui F.... le meilleur soufflet qu'elle ait peut-être reçu de sa vie.*

Il lui fallut alors Cave & Cuisine & Apartement complet; des meubles de toutes couleurs, des habits de toutes saisons & bonne chere sur-tout A peine eût-elle l'embarras de désirer toutes ces choses. Son Buffet fut garni de Vaisselles, ses Armoires, de linge, sa Garde-robe, d'habits. Mr. le Marquis glissoit tous les jours dans ses Tiroirs des Bijoux de toutes sortes; & prenoit même plaisir à l'embarasser, d'autant qu'elle n'en sçavoit pas encore l'usage. Cette maison devint bientôt honorable; ces deux amants se plaisoient à y rassembler leurs amis particuliers, & à recevoir d'eux tout l'applaudiſſement qu'ils croyoient dû à un ſi tendre enchaînement. Les uns & les autres y étoient également bien reçus, & ſe confondoient dans la maiſon. Gens tîtrés, de Robe & d'Epée y venoient voir Mr. le Marquis. On voyoit à côté des Coûturieres, des Coëffeuſes anciennes amies, ou parentes de la Demoiſelle Cleron, qui lui parloient avec le reſpect dû à ſon rang. Filles de Chœur de l'Opera, qui n'avoient pas fait le même chemin, s'y rendoient & faiſoient leur cour. On la nommoit la Reine, ou lui ſurprenoit un baiſer ſur la main, on cherchoit ſes regards, on multiplioit ſes petits ſoins auprès d'elle; on ne s'entretenoit que de ſes graces & de ſes talens.

C'étoit au milieu de cette Cour compoſée de tous les états que Mr. le Marquis recevoit ſes amis; c'étoit ainſi qu'il jouiſſoit de ſes bienfaits, & paſſoit ſa vie avec ſon Amante dans un loiſir tranquille & délicieux. Il béniſſoit ſon deſtin, il adoroit une fidelle Maîtreſſe qui ne lui parloit que de reconnoiſſance & d'amour.

Les devoirs de l'état qu'avoit embraſſé Mr. le Marquis l'obligerent d'aller en Flandre pour y cueillir des lauriers dans le Champ de Mars; elle s'y oppoſa allar-

mée

mée de son absence; il n'obtint son congé qu'en lui promettant de lui écrire au moins une fois le jour, & sur tout de lui apprendre le moment de son retour. Mais malgré de si puissants motifs de consolation, son inquiétude parut extrême pendant une absence où la vie de son Amant couroit tant de risques. On ne peut mieux peindre la triste situation qu'elle affectoit, qu'en rapportant la belle Epître qu'elle lui écrivît quelque-tems avant l'Action de Lawfeld. La voici:

*Epître de Mlle. Cleron à Mr. le Marquis de***.*

Voudras-tu, cher Amant, parmi le bruit des armes
Entendre le réçit de mes vives allarmes?
Et quand Mars dans ton sein allume ses fureurs,
Tes yeux daigneront-ils voir une Amante en pleurs?
Quel trouble! quel effroi de tout mon cœur s'empare!
Il court un bruit confus qu'un combat se prépare,
Que l'Anglois vainement tâche à se retrancher,
Qu'à travers ses remparts Saxe va le chercher.
Bruit cruel! chaque mot m'épouvante & me glace
Le Ciel me feroit-il pressentir ma disgrace?

Ah ! je sçai que la gloire a pour toi trop d'appas,
Que l'honneur au péril précipite tes pas.
Pour un Guerrier, tes yeux ont reçu trop de charmes,
Pour un Amant, ton cœur aime trop les allarmes.
Le Ciel devoit du moins te rendre en te formant
Ou moins vaillant Guerrier, ou moins aimable Amant.
De mon sexe timide ignorant la foiblesse
Je suis propre au péril ainsi qu'à la tendresse :
Que ne m'est-il permis de voler après toi !
Je te suivrois par-tout, je n'aurois point d'effroi.
J'irois braver la mort, & serois toute prête
De m'exposer aux coups qui menacent ta tête.
La jeunesse, ces traits, ce tein vif, ces appas,
Ces cheveux qu'Appollon ne désavoueroit pas ;
Dans l'Empire amoureux inévitables charmes,
Pour toi, dans un combat sont d'inutiles armes.
Un homicide plomb avec impunité
Frape sans respecter l'âge ni la beauté.
Adonis comme toi fut autrefois aimable.
Pour toi je crains, helas ! son destin déplorable.
Venus entre ses bras lui vit perdre le jour.
Je n'ai point ses attraits, je n'en ai que l'amour.
Mere des doux plaisirs, favorable Déesse !
Toi ! que suivent toujours les Ris & la Jeunesse,

Je

Je t'implore aujourd'hui ! Si d'une tendre voix,
J'ai quelquefois chanté la douceur de tes lois,
Si j'ai vanté ton fils, ſes traits, & ſon Empire,
Et porté dans les cœurs les flammes qu'il inſpire :
Vole, deſcends des Cieux. Sers-toi de ces regards
Qui ſçavent, quand tu veus, déſarmer le Dieu Mars :
Obtiens qu'à mon Amant il ne ſoit point funeſte !
Mais que dis-je ? inſenſée ! & quel eſpoir me reſte ?
En voyant cet objet de mes vœux les plus doux,
Tu ſeras ma Rivale, & Mars ſera jaloux.
Parmi tant de frayeurs, c'eſt toi ſeul que j'implore,
Cher Amant ! ſouviens-toi que mon ame t'adore,
Que tu dois de mes pleurs faire ceſſer le cours,
Qu'en expoſant ta vie, il y va de mes jours.

REPONSE

De Mr. le Marquis à la Dlle. Cleron.

Eſt-ce Amour qu'en courier vous m'avez dépêché ?
Je le ſens, c'eſt lui-même ; & mon cœur eſt touché.

Eh ! qui ne le feroit du galant verbiage
Dont vos vers reforgés empruntent l'étalage?
J'y vois tout ce qu'Armide autrefois chez Quinaut
Dans fon emportement débitoit à Renaud.
Et jamais à mon gré l'amoureuse forciere
Ne fit, belle Cleron, de meilleure écolière.
Qu'il m'eft doux de trouver ces tendres fentimens
Qu'on croyoit rélégués au pays des Romans!
J'admire vos tranfports & j'en fuis idolâtre;
Vos mains fur le papier verfent tout le théatre;
Mon cœur en vous lifant ne peut fe contenir:
Si je ne fuis heros je vais le devenir,
Et peindre à l'Univers avec quel avantage
Un amour bien placé forme un jeune courage.
Que la galanterie avec difficulté
En France eft parvenue à fa maturité!
Nos Peres prévenus par de fauffes idées
Livroient aux gens groffiers leurs ames hébêtées;
Et leur tempérament, qu'on ne peut trop blamer,
Aux plus legers talens fe laiffoit enflammer.
L'un de fa qualité fe faifoit une idole:
Un autre étoit épris d'une vertu frivole:
L'un fe laiffoit charmer par la fimplicité,
L'autre par le courage & la fidélité,
Et jamais cet amour, qui féduifoit leur ame
Ne trouvoit tous les dons dans l'objet de fa flamme.

L'Ef-

L'Eſpagnol plus perçant dans la réflexion
Pouſſa l'art de Cythere à ſa perfection,
Et dans les derniers tems par un ſage caprice
Mit le ſublime goût dans l'amour d'une Actrice.
Nous, qui n'inventons pas, nous pouvons nous
flater
D'encherir ſur les traits qu'il nous plait d'imiter;
Et bientôt des François la jeuneſſe enhardie
Eleva ſes deſirs juſqu'à la Comédie,
Où dans un même objet on trouve tour à tour
Tout ce qui fait éclore & ſubſiſter l'amour.
Ainſi, tantôt en vous j'adore la Déeſſe,
Je brule pour la Reine & pour l'Enchantereſſe.
Mon cœur à la Bergere offre de téndres vœux,
Déguiſemens nouveaux renouvellent mes feux.
Je vous trouve attendrie & puis inéxorable,
Inconſtante, fidelle, & par tout adorable;
Et de votre beauté le charme renaiſſant
Redonne de la force à l'amour languiſſant.
Par la force d'attraits dont vous êtes pourvue,
Dont vous charmez l'eſprit, dont vous charmez
la vûe,
Sous l'héroïque habit, dans le deshabillé,
A mon cœur plein de vous, jamais rien n'a brillé
Comme ce trait hardi „cette offre peu commune
De me ſuivre à la guerre, & courir ma for-
tune.

Même quand votre poing si tendrement brutal
Me cassa sur la bouche un verre de Cristal,
Et mêlant à mon sang sa liqueur écumante
M'apprit par-là, Jalouse ! à redouter l'Amante.
Non je n'ignore pas jusqu'où votre fierté
Dans un corps délicat pousse la fermeté.
Vous en avez donné d'éclatans témoignages
A Francine (*) sur-tout, lent à payer vos gages,
Lorsqu'entre deux chassis ce Guerrier renommé,
Saisi par la cravatte, inte dit, désarmé......
Par votre bras vainqueur, sur sa coupable tête
D'une grêle de coups vit tomber la tempête !
Ainsi Penthésilée (†) aux côteaux Phrigiens
Poursuivoit sans quartier l'ennemi des Troyens.
Ainsi de Talestris (¥) ne pouvoient se deffendre
Les rivaux consternés de son cher Alexandre
Mais

(*) Caissier de l'Opera.

(†) Celèbre Amazone qui vint au secours des Troyens à la tête d'un bataillon d'Amazones, Armées de légers boucliers. Cette belliqueuse fille, dit Virgile, ceinte d'une écharpe d'or & le sein découvert, paroissoit dans la mêlée, osant attaquer tous les guerriers. On dit qu'elle fut tuée par Achille.

(¥) Autre Reine Amazone dont Quint-Curce fait mention, qui vint trouver Alexandre le Grand, persuadée que d'elle & de ce Conquérant il ne pouvoit sortir qu'un héros. On sait que Lysimachus qui avoit suivi Alexandre dans tou-

Mais quoi! ces fiers Anglois, contre qui nous ſervons,
Diſtinguent du paſſé le ſiécle où nous vivons.
Kelik & Keſtiwok (*) ces effrayantes mines,
Sont, charmante Cleron, de terribles Francines;
Et le glaive orgueilleux, dont ils arment leurs bras,
Ne fait point reſpecter les plus charmans appas.
D'ailleurs l'affreuſe mort chaque jour ſe raſine,
Du ſalpêtre enflammé la force eſt aſſaſſine,
Et l'homicide plomb, par vous ſi bien cité,
Fait des meurtres ſans nombre avec impunité.
La guerrière Clorinde expira par Tancrede;
Venus même, Venus, que bleſſa Diomède,
Nous montre que vos coups doivent être frappés
Moins dans les champs de Mars que ſur les Canapés.
O vous Muſe ambigue, & gravement comique,
Qui mêlez le ſublime à la tendre Muſique,
Qui ſçavez conſacrer les plus triſtes clameurs
Et nous faire en chantant dire juſqu'à *je meurs!*
Rei-

toutes ſes conquêtes, dit un jour en liſant ce trait dans l'hiſtoire de ce Prince, *& ego ubi tunc eram*? où étois-je donc pendant que toutes ces belles choſes ſe paſſoient?

(*) Deux Officiers ennemis.

Reine du *gé*, *ré*, *sol*, conſervez votre Elève!
A ſa bouillante ardeur inſpirez quelque trève,
Faites qu'elle abandonne aux voix qu'il vous
 plaira,
Les Rôles décriés des nouveaux Opera;
Afin que je la trouve au retour de la guerre,
Faiſant battre des mains aux badauts du parterre,
Par des tons plus aigus, par des cris plus hau-
 tains,
Que ceux de la Rochois, ou de la Deſmatins.

Mr. le Marquis ne crut point devoir informer la Demoiſelle Cleron du jour de ſon arrivée ainſi qu'il le lui avoit promis. Il eſt ſi doux de donner de ces plaiſirs de ſurpriſe aux gens que l'on aime, & qui ſouhaitent nous voir. L'incertitude fait plus ſouffrir que l'attente, mais elle prépare auſſi une ſenſibilité plus vive au moment où l'on ſe revoit.

Ce fut dans cette penſée que Mr. le Marquis revînt à Paris en pleine nuit, & qu'il entrât ſans ſe faire annoncer dans la chambre de ſon Amante. Il la ſurprit dans ſon lit; mais ce qu'il y eut de ſingulier, c'eſt qu'il y ſurprit auſſi un homme. Voilà trois perſonnes interdites, Mr. le Marquis fut long-tems ſans croire

ce

ce qu'il voyoit; ſes ſens lui revinrent enfin, il s'allarma, & devint furieux.

„ Monſieur, dit-elle, d'un ton modeſte „ & pourtant aſſûré ; je n'ai que deux „ mots à vous dire, & qui ſuffiſent pour „ me juſtifier. Je ſuis accablée de vos „ bienfaits, ma reconnoiſſance eſt inex- „ primable. mais plus j'en reçois de vous, „ plus j'ai de repentir de ma faute. On „ m'a ouvert les yeux ſur la vie que nous „ menons ; elle eſt coupable envers le „ Ciel ; elle ſcandaliſe les gens de bien : „ j'ai reſolu de changer de conduite, & „ d'embraſſer l'état du mariage pour par- „ venir à une fin. C'eſt un mari que „ vous voyez couché dans mon lit, ja- „ mais autre n'y entrera que lui ; je ſa- „ crifie, parceque j'y ſuis contrainte, „ tout ce que je vous dois, ſentimens „ d'amour, d'amitié, de reſpect, au re- „ pos de ma conſcience. Je vous de- „ mande en grace de ne la jamais trou- „ bler.

„ Qu'entends-je, ingrate? vous me „ quittez! vous vous êtes mariée! vous „ avez pris ce parti ſans me conſulter! „ Que n'aurois-je point fait pour vous en „ détourner ? Eſt-ce-là cette réception, „ que je devois attendre, & que je ve-

„ nois

„ nois chercher? mérité-je de vous trou-
„ ver à mon retour Maîtreſſe infidelle,
„ ou femme ſous la loi d'un mari? Puis-
„ je vivre ſans vous, cruelle! puis-je
„ m'en ſéparer!

Les plaintes & les reproches de Mr. le Marquis durerent long-tems & donnerent à ſon Rival tout le tems de s'évader par la ruelle du lit, & la liberté d'aller ailleurs réfléchir à ſon aiſe ſur les vertus de ſa chaſte Epouſe. Mr. le Marquis n'eut rien de plus preſſé cette fois que de ſe retirer chez lui par le plus court chemin; il y paſſa le reſte de la nuit à rire de cette avanture & à conſidérer avec quelle adreſſe, & quelle effronterie s'étoit tirée de ce pas la Demoiſelle Cleron. Ce ne fut pas tout: à force de larmes, de ſoupirs, de careſſes & de promeſſes, Mr. le Marquis détermina ſon Amante à rompre ce mariage qui étoit réellement fait. Il n'y entra qu'une petite condition, ſçavoir que Mr. le Marquis rembourſeroit le mari des frais qu'il avoit faits par avance pour cet établiſſement. C'étoit en effet un préſent de ſa part, qu'une tenture de ſerge bleue, quelques chaiſes garnies de même, & un lit aſſorti où la Demoiſelle Cleron avoit couché long-tems. Elle eſtima le

tout

tout au plus cher; les especes furent comptées & serrées, d'où il arriva que le mari en fût pour les frais du mariage & des meubles, le Marquis pour le prix, & la Demoiselle Cleron s'accommoda parfaitement du tout, après quoi elle intenta à ce pauvre mari un procès en dissolution de mariage pour cause d'impuissance. On verra dans le Mémoire que nous rapporterons de quelle genre étoient les preuves qu'elle prétendoit donner de l'impuissance de son Mari.

Les jours suivans ne se passerent pas sans quelques reproches, & c'étoit Mr. le Marquis qui les recevoit. „ Vous a-„ busez, dit-elle, de ma foiblesse; je vou-„ drois ne me séparer jamais de vous, „ mais j'ai passé ma vie à en former le „ dessein & à m'en repentir. Mille son-„ ges cruels, viennent m'agiter tour à „ tour; j'ai grande foi aux songes: mon „ Pere qui étoit Espagnol & qui avoit „ beaucoup d'esprit, m'a appris que les „ songes nous étoient souvent envoyés „ pour nous servir d'avertissement, & „ nous apprendre les choses futures; j'y „ suis fort attentive: j'ai cru voir mon „ Pere lui-même cette nuit, les yeux en-„ flammés de colère me reprocher tout

„ l'amour

„ l'amour que j'ai pour vous ". *Fille indigne* m'a-t-il dit, *sont-ce-là les leçons que je vous ai données ? pouvez-vous être amoureuse d'un homme d'ailleurs répandu dans le monde & sur lequel vous ne pouvez compter ? s'il vous abandonne, que deviendrés-vous ? avez-vous des biens, de la fortune pour subsister dans l'état où vous êtes, avec la résolution que vous prenez de n'aimer jamais que lui ?*

„ C'en est trop, reprit Mr. le Marquis, „ vos inquiétudes me poignardent, ma „ chere Ame; soyez à moi sans remords; „ reposez-vous de votre amour sur le „ mien; je le sens augmenter tous les „ jours: mon cœur y suffit à peine. Si „ j'avois les Trésors des Rois, je vous „ les offrirois & ne croirois vous rien „ offrir: tout ce que je posséde est bien „ moins à moi qu'à vous; un tems viendra, je l'espére, que j'assûrerai votre „ état; je m'en vais commencer par une „ rente annuelle de six mille livres que „ je vous payerai mois par mois exactement. C'est seulement pour prendre „ un air d'ordre avec vous, & sans que „ cela tienne lieu de bienfait. Je veux „ encore me réserver le plaisir d'en faire, „ & de vous en combler, si je puis. Mais, „ ma chere Maîtresse, rassurez-moi; ban-

„ nissez

„ niſſez ces vains ſcrupules qui ne con-
„ viennent point à une fille de votre état,
„ & de votre âge: promettez-moi de
„ m'être toujours fidelle, je vous le de-
„ mande à genoux, les larmes aux yeux:
„ je meurs de douleur ſi vous me re-
„ fuſez". La Demoiſelle Cleron ne put s'en deffendre; elle accorda tout & il ne fut plus queſtion du paſſé.

Cependant le bruit de ce prétendu mariage ſe répandoit confuſément. On ſavoit que le Mari qu'avoit épouſé la Demoiſelle Cleron pendant l'abſence de Mr. le Marquis, indigné du procès que ſa chere Epouſe lui avoit fait, & craignant peut-être de perdre à très beau jeu, s'étoit pendu de déſeſpoir avant que d'en avoir vu la fin; en ſorte qu'on croyoit la choſe faite avec Mr. le Marquis, d'autres la diſoient prête à ſe faire. Ceux-ci trouvoient Mr. le Marquis fort à plaindre, ceux-là l'en eſtimoient plus heureux, mais cette nouvelle s'évanouit. L'Amant victorieux parut au Balcon de l'Opera, il y conta ſon ſuccès, il en reçut des complimens, & pluſieurs furent ſe faire inſcrire à ſa porte.

Nos deux Amans bien réunis firent ſucceder les beaux jours à ces orages. La

Mai-

Maiſon de la Demoiſelle Cleron ſe remonta; les amis y retournerent; Mr. le Marquis y reprit le goût de ſes premières douceurs, il s'y familiariſa & s'y accoutuma ſi bien que par un effet très naturel, on le vit peu à peu ſe gêner moins. On s'apperçut que des affaires ſérieuſes l'appelloient ailleurs; ſouvent la jouiſſance de ſa Maîtreſſe ne fut plus ſon affaire unique, elle entra ſeulement dans l'arrangement de chaque jour, & ſes viſites perdirent enfin l'air d'importunité qu'elles avoient toujours eu juſqu'à ce jour.

Ce fut alors que la Demoiſelle Cleron fit un libre uſage de tous ſes talens, qu'elle acquit des connoiſſances nouvelles, & de nouveaux amis, qui d'abord changeoient de nom ; il ne ſe paſſa plus un ſeul jour qu'elle ne parût à la promenade du Jardin du Palais Royal; c'eſt dans ce lieu charmant qu'elle alloit tendre ſes filets & faire ſes recrues; elle n'en ſortoit jamais qu elle ne fût ſuivie par un eſſain de ſoupirants. C'eſt ce qui lui attira la mauvaiſe humeur d'une Prêtreſſe de ces Temples conſacrés à la débauche ; poſſedée d'une jalouſie de métier elle oſa paroître deux fois devant le Magiſtrat de la Police pour ſe plaindre du tort que lui cauſoit la lubricité immodérée de la Demoiselle Cle-ron. Ce fut dans ces termes énergiques qu'elle exprimât ses allarmes.

Requête de la Pâris

à Mr. de Marville *Lieutenant de Police.*

O Toi, qui dans Paris fais regner l'équité,
Des Crocs & des P.... Magistrat redouté,
Marville, sur Pâris jette un œil favorable!
Si dans tes jeunes ans je te fus secourable,
Et toujours à l'affut des plus jeunes Tendrons,
Je te fis de Venus éviter les affronts,
Prête à ma triste voix une oreille attentive.
Ce n'est plus ton Amie, Ingrat! c'est ta captive,
Qui vient en ce moment reclamer ton secours;
Prends pitié de mon sort, & protege mes jours,
Pour la dernière fois je t'en parle peut-être.
Dans un mois voisine de Bicêtre (*)
Mon honneur étranger dans ces murs criminels
N'aura plus de recours qu'à des cris éternels.
Je n'ai dans mon malheur que toi seul pour ressource,
Toi seul, dans son principe en peus tarir la source.

Un

(*) Maison de force près de Paris où l'on enferme les personnes de mauvaise vie.

Un Regiment fameux (*), & mon plus ferme appui,
Vient de m'abandonner, puis-je vivre ſans lui?
L'altière FRETILLON en ce jour de débauche,
Enſeigne, Lieutenant, Major, tout la chevauche.
C'eſt peu d'avoir en Flandre épuiſé les Guerriers,
La Gar... les pourſuit juſque dans mes foyers.
J'eſperois en ſecret, & j'avois lieu de croire
Que leur retour enfin affermiroit ma gloire,
Que rentrés dans ces murs, affamés de plaiſirs,
Ils reviendroient chez moi contenter leurs deſirs.
J'avois, pour raſſembler l'agréable & l'utile,
Fait meubler deux maiſons, l'une aux champs l'autre en ville,
A grands frais recruter ce qu'ont de plus exquis
La France, l'Allemagne & les Pays conquis.
Projet déconcerté! Eſpérance trompée!
La Troupe de P.... que j'avois équipée,
Malgré tous mes efforts, ne peut les rappeller:
CLERON ſans doute a l'art de les enſorceler.
A ces maux j'entrevois un remède,
Tu peus faire enfermer ce Lutin qui m'obſede,
De ſes traits dangereux ce coup m'affranchira:
Ah! Lâche, tu pâlis, elle eſt à l'Opera (†).

Ainſi

(*) Les Gardes-Françoiſes qui ſont protecteurs n.s de tous l.s mauvais Lieux de Paris.

(†) La conduite des Filles de l'Opera n'eſt point

Ainsi donc en ce lieu sans craindre la censure
Le coït désormais n'aura plus de mesure,
Et donnant libre cours à son tempérament
Toute fille à son gré peut f.... impunément.
Telle nous avons vu l'incontinente Actrice (*)
Prise en flagrant délit derrière une Coulisse
N'en porter que plus haut son front audacieux,
Et narguer ton pouvoir, le Public & les Dieux.
Souffriras-tu long-tems que ce Peuple impudique
Au mépris de tes Loix forme une République,
Et que distribuant le *virus* à grands flots,
Il ôte à la Jeunesse argent, santé, repos?
Les Fermiers-Généraux ne sont pas plus avides,
Et des Bigots de Cour, les cœurs sont moins perfides.
A l'abri d'un talent que les trois quarts n'ont pas,
Toutes vers la fortune avancent à grands pas,
Tandis que les Amants qui furent leurs victimes
Vont souffrir chez PETIT (†) des tourments légitimes.

Heu-

point soumise aux recherches de la Police. L'Opera est un Serrail privilégié : l'enregistrement au Magazin sert de Sauve-garde non seulement aux filles de l'Opera, mais encore à leurs meres, à leurs Tantes, &c.

(*) La Petit voyez son Mémoire ci-après.

(†) Petit Chirurgien fameux pour la guérison des maladies Vénériennes.

Heureux à qui l'Objet, dont ſon cœur eſt bleſſé,
Laiſſe de quoi payer la main qui l'a graiſſé !
D'un frivole reſpect ceſſe d'être l'eſclave,
Soumets à ton empire un Bord... qui te brave;
Qu'en proie à tes Exempts, il tremble ſous leurs
loix,
Et que du Commiſſaire il achete la voix.
Que THIERRY (1) SAINT-HURET (1) n'y trouvent
plus d'aziles,
Que MINOT (1) du métier courre tous les périles,
Qu'à ne plus chanter faux GONDRÉ ſoit con-
damnée,
Et reſte dans les Chœurs pour jamais confinée;
Que moins inſatiable dans ſes prétentions,
SAINT-GERMAIN ſoit taxée à douze Greluchons;
Que CARTOU régle mieux ſa langue témèraire,
Et liſe quelquefois ſon extrait baptiſtaire,
Fais ſur-tout à CLERON éprouver ta rigueur,
Que tous l'abandonnent, qu'elle ſoit ſans F...
Et de cette heroïne à mes dépens trop fiére,
Termine le Roman (*) à la Salpêtriere (†).
Puiſſe ſon châtiment à jamais effrayer

Qui-

(1) Toutes Actrices de l'Opera compagnes de la Demoiſelle Cleron.

(*) Hiſtoire de Mademoiſelle Crone dite Fretillon.

(†) Autre Maiſon de force près de Paris.

Quiconque en Monopole érige le métier.
FRETILLON gobe tout, & jamais ne recule,
Pour le bon ordre, il faut que le f.... circule;
Qu'avec l'or qui toujours le précéde & le suit,
De P. . . en P. . . il courre jour & nuit.
Au reste ne crains pas que pour cette harpie
Le Public enchanté te presse & te supplie.
Il se plaint hautement de son aigre fausset,
Et de ses foibles tons terminés en sifflet.
Son maintien effronté le deffie & le blesse.
Ah! si quelque paillard pour elle s'interesse
Son suffrage suspect ne doit point t'arrêter,
Il la voit pour f.... mais non pour l'écouter.
Enfin pour l'Opera sa perte n'est pas grande;
Témoins ces guerriers qu'elle vient d'empester,
Qu'on verra, mais trop tard, la fuir, la détester,
Et traîner, languissans dans les Plaines Belgiques
Le cuisant souvenir de ses transports lubriques.
Ce n'est pas tout, si tu n'y pourvoies promptement,
Elle peut infecter Conseil & Parlement,
Empêche d'un seul mot que la Robe trompée
Ne suive ce Printems le destin de l'Epée,
Et que les Magistrats désertant à leur tour

. . . .

Détourne loin de moi ce présage funeste,

Immole au bien public cette fatale peſte;
C'eſt ce qu'à tes genoux j'eſpere d'obtenir:
Ainſi puiſſe toujours Priape te benir;
Qu'il te faſſe éprouver juſque dans la vielleſſe
Les faveurs qu'il accorde à peine à la Jeuneſſe;
Mais que ſur-tout jamais, au mépris de ton rang
Venus n'oſe gliſſer ſon poiſon dans ton ſang.

SECONDE REQUÊTE

POUR la ſeconde fois, MARVILLE, ta captive
Aux pieds de ta Grandeur porte ſa voix plaintive.
Quitte pour un moment le fatiguant emploi
De choiſir dans Paris des hommes pour ton Roi.
Pour un affront reçu j'implore ta juſtice;
Tout parle en ma faveur; de ta bonté propice
J'attends moins en ce jour que de ton équité:
Je vais conter le fait avec ſincérité.
  Dans ce Jardin charmant vrai Jardin de Cythere (*)
Lieu qu'habitoient jadis les plaiſirs, le myſtere
Quand un Bois plus épais favoriſant l'amour
Ne laiſſoit diſtinguer ni la nuit ni le jour.
Là j'offrois un eſſain de P. . . jeunes filles
Dont les regards laſcifs attiroient tous les Drilles,
Gens

(*) Le Jardin du Palais Royal.

Gens d'Affaires, Robins, & quelques Officiers,
Qui préféroient encore les Mirthes aux Lauriers.
C'eſt ainſi que l'on voit deux jours de la ſemaine
Dans un marché fameux aux rives de la Seine,
Aux yeux des Connoiſſeurs, les Marchands préſenter
Des chevaux manégés & tous prêts à monter.
C'étoit l'heure à peu près où ſortant de l'Egliſe,
Chacun vient en public montrer ſa paillardiſe;
Où l'on voit arriver d'un pas vif & léger,
Et les gens du bel air & le peuple étranger.
J'attendois le chalant avec impatience,
Souvent pour mon diner trop fragile eſpérance!
Dejà l'inſtant fatal approchoit, & deja
P... du Magazin, P... de l'Opera,
Plus heureuſes que moi, leur partie étant faite
Rioient ouvertement de ma peine ſecrette.
Non contentes encore de ſe voir triompher
Les Gar.... qu'elles ſont viennent m'apoſtropher.
Leurs diſcours outrageans, & leurs haines fatales
Tomberent ſans pitié ſur moi, ſur leurs Rivales.
O Régiment chéri! Que je t'ai regretté!
O comble de diſgrace & de calamité!
Je me vis inſulter, & par qui? par des filles

Qui porteroient encore leurs antiques guenilles,
Qui peut-être sans moi seroient mortes de faim,
Si je n'eusse eu pitié de leur triste destin.
Semblable à ce serpent dont nous parle la fable,
Toute P... quittant son état misérable,
Loin d'avoir dans le monde un cœur reconnoissant,
Contre son bienfaiteur toujours garde une dent.
Je n'en ai que trop fait la triste expérience,
BAUDOT (*) avec sa sœur qui dans leur indigence
Vinrent cent fois chez moi gagner leur quart d'écu,
Et livrer aux fout... & leurs c... & leurs c...
CARTOU (1) jeune autrefois, maintenant Douairiere,
Et qui de f... alors faisoit sa seule affaire.
THYERRY (2) dont l'embonpoint, les graces, les appas
Font que de l'Opera l'on ne la chasse pas;
DUVAL (3) que ses talents ne rendoient pas si fiere,
Et qui tâtoit déjà du métier de sa mere:

Ces

(*) Ces deux sœurs sont filles du Portier des Quinze-vingt; la cadette a été dans les Chœurs de l'Opera.

(1) La Cartou est encore dans les Chœurs.

(2) La Thierry danse dans les Ballets.

(3) La Duval fille de la Bulle surnommée la *Constitution*.

Ces ingrates devoient ne m'oublier jamais,
Toujours se souvenir que jadis mes bienfaits
Dans des tems malheureux les tirerent de peine,
Et pour s'en acquitter je n'en ai que la haine
Bel exemple pour vous, & FLORENCE & la CROIX (1)
Placez mieux vos bienfaits, faites un meilleur choix.
Encore si dans mes maux la fortune ennemie
Ne m'eût pas réservée à plus grande infamie!
Rien n'y devoit manquer! l'impudente CLERON
Me fit pour le dernier le plus sensible affront,
Sûre qu'un Magistrat, qui pouvoit me deffendre,
Par caprice ou raison refusoit de m'entendre.
Je respirois helas! je prenois le dessus;
Même plusieurs Paillards m'offroient quelque écu,
Quand la Gar... arriva l'œil enflammé de rage
De se voir dérober le prix d'un culetage.
MINOT (2) l'accompagnoit, MINOT cette souillon
Rivale de PETIT (2) digne de FRETILLON,
Que

(1) Deux fameuses Prêtresses comme la Dame Pâris vendues aux plaisirs du public.

(2) La Minot a été prise en flagrant délit sur le Théatre avec le Comte d'Ep..... & la Petit dessous avec le Comte de Bon..... voyez ci-après le Memoire de la dernière.

Que l'on a vu jadis à l'Opera - Comique
Servir à tout venant de paillaſſe publique.
Arrête, dit CLERON, & reſpecte mon droit,
Ne pretens plus ici faire le moindre emploi!
Connois-tu FRETILLON. P.... & Maquerelle?
Je veux que déſormais à moi ſeule fidelle
La Jeuneſſe chez moi prenne tous ſes plaiſirs;
Que ſans ceſſe irritant & comblant ſes déſirs,
Le peuple de Paris à chaque inſtant releve
Et remplace le Corps que la Guerre m'enleve;
Je veux que ma maiſon ſoit Bureau de Cypris,
Je veux que l'on y f.... à toute heure, à tout
prix;
Je veux ainſi que toi meubler plûſieurs ménages,
Je veux pour te ruiner conſerver à mes gages,
Petit, Rabon, Herny leur mere (1) Saint-Huret
Et pour hommes Dalainville, Dampierre, Henaut, Thuret (*)
A ces mots foudroyants ma force m'abandonne:
Je ne vois, n'entends plus, je pâlis, je friſſonne:

C'en

(1) Appellée *Mere* à cauſe de ſon grand âge & des bontés qu'elle a pour ſes Camarades.

(*) tous gens attachés à l'Opera par differents emplois & qui y joignent celui de procurer aux Actrices des Connoiſſances utiles dont ils ſçavent eux-mêmes tirer parti.

C'en étoit fait de moi, ſi le Dieu que je ſers
D'un plus doux ſifflement n'eût agité les airs.
Je pris avec mes ſens une force nouvelle;
Je ſentis pour mon art plus d'ardeur, plus de zele.
Que fus-je devenue? ah Dieu! ſi tout le Corps
M'eût comme elle aſſaillie. Que faiſois tu pour lors
Impudique PETIT, mere dénaturée?
Criminelle marâtre autant que fut Médée,
Toi, qui n'as pas frémi, fille & monſtre infernal,
D'envoyer nouveau né ton fils à l'hopital!
Que feras-tu, dis-moi, du ſecond qui va naître?
Il n'en faut pas douter, l'Hopital ou Bicêtre
Renfermeront bientôt la mere & les enfans.
Là pour te conſoler dans tes gémiſſemens,
Tu verrois à loiſir cet homme à tous uſages,
Ce Laquais revêtu, (*) ce Mercure à tes gages,
L'exécrable qu'il eſt, l'infame, il te dicta
Le conſeil d'éloigner le fruit que tu portas.
Euſſes-tu fait ſans lui cette action ſi noire?
Non, d'un pareil forfait il n'eſt pas de mémoire,
La plus grande P... que j'aye dans mon Bord...

N'ayant

(*) Dalainville; il a été Laquais de la Princeſſe de ROHAN.

N'ayant ainsi que toi de revenu réel
Que son c.... que son c.... ne t'eût point imitée
Je vous prends à témoin, vous, paillarde COUPÉE! (*)
Si votre Amant volage eût méprisé vos feux,
Si pour autre raison il eut rompu ses nœuds;
Eut-il été proscrit, ce fruit de la tendresse?
Vous n'avez pas sans doute une ame assez traitresse?
Féconde SAINT-GERMAIN (†), vous, qu'Amour autrefois
Pour un jeune Etranger, sçût ranger sous ses lois,
Vous, qui sacrifyiez à l'intérêt sordide,
Et qui preniez alors le sentiment pour guide,
Abandonneriez-vous à son mauvais destin
Un fils qui vous naîtroit & d'un pere incertain?
La nature fit-elle un cœur aussi barbare?
Ah! si l'on en trouve un, le couple en est bien rare.
Mais pourquoi m'arrêter à de si noirs forfaits?
Ne

(*) La Coupée est une Chanteuse dont l'Amant Mylord S*... a reconnu les Enfans.

(†) Cette fille a vêcu plusieurs années avec un jeune Seigneur Portugais dont elle a eu des Enfans. On dit qu'elle a déclaré qu'elle ne vouloit plus d'Amant en titre, attendu les agrémens du détail.

Ne songeons bien plûtôt qu'à venger ma querelle ;
Faisons punir CLERON & toute sa sequelle.
Puisse-t elle manquer de greluchons, d'Amants;
Et des dons de Venus sentir les plus cuisans!
Et toi, MARVILLE, & toi, mon unique ressource,
Prends pitié de mes maux, daigne en tarir la source
Quand on est comme moi nécessaire à l'État,
On doit être étayé des loix du Magistrat.
Fais donc pour mon repos, à ces filles lubriques
Interdire à jamais jardins, maisons publiques.
Qu'elles n'osent paroître aux lieux ou je serai,
Soumets-les à tes lois de force ou de gré.
Qu'elles tremblent enfin sous toi, sous ton empire,
Fais-les me respecter, fais que l'on puisse dire,
MARVILLE est de PÂRIS le soutien & l'appui;
Ceux qui l'insulteront, auront affaire à lui.
Ainsi puisse le Ciel à mes désirs propice
Pour un poste plus beau t'ôter de la Police!
Puissé-je te voir bientôt Intendant de Paris,
Ne songer qu'aux Amours, qu'aux plaisirs, & qu'aux ris;
Comme un autre CELY (*) vivre dans la mollesse,
Et

(*) Mr. Cély Intendant de Paris si connu par la protection singulière qu'il a accordée à toutes les

Et courir jour & nuit de Maîtresse en Maîtresse !
Si pour t'en procurer mon art est suffisant,
Tu dois tout esperer d'un cœur reconnoissant.

Ces plaintes & ces cris de la Dame Pâris ne troublerent pas un instant les plaisirs de la Demoiselle Cleron ; sûre que son état d'Actrice la mettoit à l'abri des insultes de la Police, elle faisoit tous les jours de plus amples moissons sur les terres de la vieille Sybille; sa cour étoit devenue très nombreuse & sa maison étoit le rendez-vous de tous les Aimables. Là se faisoit une Ombre, un Quadrille qui finissoit en six tours, ou ne finissoit point, suivant la conjoncture ou les gens qui se succedoient. Mais ce qu'il y avoit de singulier, c'étoit la présence d'esprit de cette Demoiselle attentive à la fois à tenir son jeu, & à occuper trois Amans; ayant ses deux pieds sous la table posés sur ceux de ses deux voisins; ses regards tournés languissamment sur le troisiéme: en-

les filles dévouées aux plaisirs du public, & par le grand nombre de celles qu'il avoit à sa solde notamment la Rabon & la Richalet fille d'un Maître-à-danser &c. &c. &c.

enſorte que tous jouiſſoient d'une préférence qu'ils regardoient comme unique, que chacun des trois rioit des deux autres, & les prenoit pour des dupes: ce qui ne l'empêchoit pas de prendre du tabac de quelqu'un près d'elle qui la conſeilloit, & d'appuyer ſes doigts dans la Tabatière péſamment & long temps; de demander à un autre de voir la manchette de point, prétexte pour lui ſerrer la main, tous petits riens que la contrainte fait imaginer, que le ſens froid ne conçoit pas, & dont les vrais Amans connoiſſent ſeuls tout le prix.

Elle avoit de ces Amants-là, de ces hommes de goût, Amateurs des talens, mais avides d'illuſions & dont, l'imagination tendre faiſoit trop de progrès. Tout étoit Théatre pour eux; & jouant au Quadrille ils ſe la repréſentoient chantante, Nayade timide, amoureuſe, flottante ſur le criſtal des eaux, y cherchant le Dieu des Mers qu'elle aime: ou Dryade inſenſible & légere, environnée de Faunes voltigeans ſur la pointe des herbes au ſon de la flûte de Pan: & chacun ſe diſoit: cette Nymphe eſt mon Amante, elle charme tous les cœurs, & ne veut que le mien. Mr. le Marquis qui ne cher-

cherchoit qu'à penſer de même, trouva le Cercle un peu nombreux & ſuſpect. Il s'en plaignit à ſa Maîtreſſe, qui, pour ſe juſtifier ne ceſſa point: c'eſt un moyen qui réuſſit quelquefois. Cependant il remarqua des preſens anonimes, des Tabatieres, des Diamans qui ne venoient point de lui: il parla d'un ton de courroux, & donna l'excluſion de la maiſon aux Amans les plus généreux.

Un de ceux là entreprit de s'en venger ce qu'il fit: il enleva la Demoiſelle de ſon gré, & l'emmena hors de Paris, enſorte que Mr. le Marquis un matin ne trouva qu'une ſervante qui lui conta ce fait.

On peut juger de l'état d'un Amant paſſionné, qui voit qu'on l'outrage. Nouveau Roland dans la maiſon de ſa Maîtreſſe, tout y reſſentit ſa fureur. Les Tapiſſeries, les Glaces, les Tableaux, ſon Portrait même, tout y fut renverſé. Peu de jours ſe paſſerent que le ſilence des bois ennuya bientôt Médor & Angelique: il fallut revenir en Ville où les Nymphes font uſage de l'argent; le malheur étoit qu'ils n'en avoient ni l'un ni l'autre. Angélique alors pénétrée de repentir d'avoir abandonné Roland, bienfaiteur, qui pouvoit

voit l'être encore, eut bientôt pris ſon parti. Ce fut d'impoſer à Médor les mêmes conditions qu'avoit acceptées auparavant M. le Marquis de Fretillon: ils convinrent de ne ſe plus voir qu'en très grand ſecret; la Demoiselle Cleron n'eût pas de peine à faire le reſte, ſçavoir ſon raccommodement. Elle reçut d'abord les reproches les plus vifs, mais ils firent bientôt place à d'autres ſentimens. Tout fut appaiſé ſous la promeſſe authentique de ne plus jamais voir Médor.

Deux mois s'écoulerent, non ſans y prendre garde, depuis le tems de l'abſence, juſqu'à celui du parfait raccommodement, & la Demoiſelle eut tout le tems de faire la paix & de ramener à elle un Amant qui ne demandoit qu'à l'aimer. Elle lui donna des preuves d'un retour ſincer: ſoins, ſoupirs, careſſes, tout y fut employé; elle fut juſqu'au point de courir les riſques d'une groſſeſſe pour lui donner le gage d'un amour qui ne devoit jamais finir. En effet la Demoiſelle Cleron accoucha au bout de ſept mois d'une fille qui fut préſentée à Mr. le Marquis, & qu'il reçut entre ſes bras avec des tranſports de joie qui ne s'expriment point. Auſſi bon pere que tendre Amant, il entra dans tout le détail du berceau de l'enfant. Il vit croître sa fille & se développer à ses yeux, il la regardoit, il la consideroit, il y voyoit sa mere: elle au contraire, de son côté, soutenoit que l'enfant ne ressembloit qu'à lui. C'étoit de part & d'autre des agrémens continuels de sentimens sur cela, de petites contradictions qui se terminoient par des baisers, jamais ces Amants ne furent plus unis. Il se trouva une maison de campagne à vendre proche de Paris, elle fut achetée, & destinée à la petite *Auguste*, qui déja commençoit à parler & à distinguer avec finesse M. le Marquis des autres hommes.

Cependant l'équipée que la Dlle. Cleron avoit faite avec son Médor, qui avoit occasionné son absence de l'Opera sans en avoir obtenu aucune permission; sa conduite déplorable qui scandalisoit de plus en plus ses chastes Compagnes, les hurlemens de la Pâris qui redoubloient & qui se faisoient entendre dans tous les quartiers de Paris indisposerent tellement contre elle les Directeurs de l'Opera qu'ils prirent la résolution de la congédier; c'est ce qui fut exécuté & on lui fit signifier son exclusion. Mais soit qu'elle

le

le eût prévû ce qui devoit lui arriver, ſoit que par une force d'eſprit elle ſe fût miſe au deſſus de tous les événemens, cette nouvelle ne la déconcerta point; & ſans perdre courage elle tourna ſes vûes du côté de la Comédie Françoiſe dans le deſſein de réparer ſa perte en montant ſur ce Théatre; elle y débuta & ne fût pas moins applaudie qu'elle l'avoit été en débutant ſur le théatre de l'Opera. On fit même encore, pour elle ces vers :

Quelle grace! quel feu! quelle vive peinture!
CLERON tu réunis dans ton jeu ſéducteur
Ce que l'art, joint à la Nature,
Peut former de plus enhanteur :
Cent fois te voyant ſur la Scene
Ravir les ſuffrages divers,
J'ai cru que c'étoit Melpomène,
Qui récitoit ſes propres vers.

Mais malgré les applaudiſſemens tumultueux dont on honora la déclamation de la Demoiſelle Cleron, les reſpectables Actrices de la Comédie Françoiſe ne virent qu'avec une peine extrême qu'on alloit aſſocier à leur vénérable Corps un ſujet telle que Frétillon. Qu'il me ſoit permis d'interrompre un moment l'hiſtoire de Mr. le Marquis, pour faire quelques réfléxions ſur ce trait de la conduite de la Demoiſelle Cleron, & pour rappeller le plus ſuccinctement qu'il me ſera poſſible, le trouble, l'agitation, l'inquiétude & les allarmes que cauſa parmi les Comédiennes la nouvelle étrange de cette réception. Comment la Demoiſelle Cleron avoit-elle pû penſer qu'à la Comédie Françoiſe on fût moins jaloux qu'à l'Opera, de ce qu'on appelle dans le monde décence & régularité de mœurs? Le Théatre François ne lui ètoit-il pas interdit par les mêmes raiſons qui l'avoient exilée de l'Opera.

On ne prétend pas lui conteſter l'excellence des talens. Un jeu noble, une déclamation aiſée, un geſte naturel, une voix ſonore, de la dignité, de l'ame, ajoutez à cela une poitrine infatigable; voilà les avantages avec leſquels la Demoiſelle Cleron débuta ſur la ſcene; les applaudiſſemens qu'elle reçut du public, parlerent en ſa faveur, il ſeroit abſurde de vouloir la proſcrire, ſi les talens ſuffiſoient ſeuls pour oſer aſpirer à la profeſſion d'heroïne de Théatre, perſonne aſſurément n'y pourroit prétendre avec

avec plus de juſtice. Mais c'eſt une vérité conſtante & qu'on ne peut trop répéter, que les talens ſont la partie la moins eſſentielle d'une Actrice. En un mot, il faut à la Comédie Françoiſe, ainſi qu'à l'Academie de Muſique, des mœurs irréprochables & une réputation entiere. Oui, & j'en ſuis très perſuadé, ſi la Demoiſelle Cleron eût voulu réfléchir mûrement ſur la tentative qu'elle alloit riſquer, elle ſe ſeroit bien gardée de l'entreprendre; elle n'eût jamais eu le front de ſe préſenter pour ſucceder à la tendre & vertueuſe la *Bat*, à la chaſte *Duclos*; mais qu'eſt-il beſoin d'aller chercher dans des tems ſi reculés des modèles de vertu dont notre âge fourmille? Eſt-ce en faveur de ſes heureux talens que la blonde *Connel* a été reçûe? une ſageſſe conſommée & qui ne s'eſt point démentie, fit plus pour elle que le mérite le plus décidé pour la déclamation. La Demoiſelle *Lavoix*, malgré ſes diſpoſitions ſurnaturelles pour le Théatre, n'eût-elle pas échoué ſi elle n'avoit été puiſſamment recommandée par le ſuffrage de perſonnes en état de répondre de ſa conduite? l'eût-on admiſe ſans une atteſtation de mœurs en bonne forme? Parlera-t-on de la vénérable Demoiſelle *Lamothe*, qui revenue des vanités du ſiécle depuis plus de 15 années, après avoir fourni une carriere glorieuſe, conſacre le reſte des jours que lui ont laiſſé ſes chaſtes travaux, au ſervice de ſa Compagnie, dans l'honorable fonction d'Entremetteuſe des plaiſirs publics, qui donne chez elle, en dépit de la critique, des petits ſoupers les plus jolis du monde, à juſte prix.

Que dira-t-on de cette jeune & vive Actrice, recommandable par la maniere de vie édifiante qui la caractériſe juſqu'à ce jour? Qu'on ſe rappelle avec quelle honnêteté l'on afficha ſes tendres prémices, quel ordre, quelles ſages précautions pour les encheres, que de décence dans les criées! jamais le Mouſquetaire fortuné qui ſe rendit adjudicataire de ce rare marché, eut-il fait accepter ſes offres, s'il n'avoit tronqué ſon Uniforme, contre les faints Ornemens d'un Lévîte du premier ordre: par cet ingénieux ſtratagême, le Loup revêtu de la peau de la Brebis, fut introduit dans le bercail, & y paſſa des momens deſtinés, ſans doute, à des uſages plus pieux. Quelle nuit! quel reveil! Le Soleil ſortoit à peine du ſein de l'onde, que le Prelat traveſti, ſe dé-

démasqua aux yeux de la Cathécumène consternée, & pour comble de perfidie & d'ingratitude perdant le souvenir des ouvertures de cœur délicieuses dont on l'avoit comblé, reprit les cent Louis de pot de vin qu'il avoit consignés la veille, en entrant en jouissance de son bail frauduleux.

Ne vit-on pas il y a quelques années au Bal de l'Opera, avec quelle générosité, quelle grandeur d'ame un Acteur réprima l'indiscretion d'un téméraire, qui eut l'audace de tenir à sa femme de mauvais propos? Ce jeune homme prétendoit que la modeste épouse du Comédien, avoit vis-à-vis de lui, des torts facheux à réparer, & dont le triste souvenir l'importunoit, il s'imaginoit follement être en droit de se plaindre, comme si les gens étoient responsables de leurs bontés. Que les hommes sont injustes! il fit là-dessus des représentations qui furent rejettées avec la fierté convenable. Les malheureux ont rarement raison, celui-ci cependant s'obstinoit à soûtenir la validité de ses reproches, il offrit des preuves. L'époux indigné qu'on osât avoir avec sa fidelle moitié des éclaircissemens capables de mettre ses charmes en discrédit, le prit avec hauteur, la converſation s'anima; le Plaignant moins adroit que ſon Adverſaire & n'ayant pas l'uſage du Théatre, mit trop de chaleur dans la maniere de rendre les choſes, & dans le plus bel endroit de la ſcêne, ſe ſervit malheureuſement, d'un geſte inconſidéré qui précipita la cataſtrophe. Les témoins interpoſerent leur médiation, & tout fut pacifié. L'accuſée pleinement juſtifiée ſortit en triomphe aux acclamations publiques.

On ne finiroit point ſi l'on vouloit retracer aux yeux du Public tous les exembles de pudeur & de retenue, dignes fruit de la morale incorruptible, qui regle juſqu'aux moindres actions dans cette école de ſageſſe. Les femmes conſtamment attachées aux devoirs de leur état, s'interdiſent les libertés les plus innocentes; les Filles encore plus réſervées, paroiſſent inacceſſibles à tous les traits empoiſonnés que la ſéduction met en uſage.

Voilà cependant à quelle eſpèce de Femmes la Demoiſelle Cleron a oſé s'aſſocier, & devoit-on être ſurpris ſi ſon début révolta ſi fort les Parties intereſſées: on cria à l'indécence, l'allarme ſe ré-

répandit, l'émeute fut presque générale, la *Noue* (*) sonna le toclin.

Si la Justice d'une cause peut-être appuyée par la qualité & le mérite des parties, quelle cause fut jamais renforcée d'inductions plus favorables ? le nom seul de l'incomparable la *Noue* est ici d'un poids merveilleux.

La *Noue*, le Roscius, le Sophocle du siecle. Le Tragique la *Noue*, dont les talens inimitables pour le Théatre sont aussi peu équivoques que la paternité des piéces qu'on lui attribue. La *Noue* connu, cheri, admiré de tout Paris, dont il fait les délices: la *Noue* qui pendant quelque temps a été soupçonné d'avoir fait lui-même le *Retour de Mars*, & *Mahomet* (†) *second*, qui se l'étoit presque persuadé, & qui sur ce fondement a joui de la réputation d'Auteur de la meilleure foi du monde. La *Noue* qui déclame si bien, qui met tant de vérité dans ses rôles, dont la voix est si touchante, la figure si noble & si intéressante, le geste si flatteur & si naturel, qui dans les Tragédies Gothiques où l'on représentoit des pas-

(*) Acteur de la Comedie Françoise.

(†) Tragédie qui a été jouée sous son nom in 1739.

paſſions & des martyrs, auroit eu tant de graces à rendre le perſonnage du Patient : c'eſt lui-meme, c'eſt ce grand homme qui nous apprit qu'on ne devoit point recevoir à la Comédie Françoiſe une fille ſoupçonnée de n'avoir point de mœurs.

Il raſſembla le troupeau diſperſé par la frayeur qu'avoit excitée la profane entrée de la Demoiſelle Cleron, il étala avec cet art & ce ton pathétique qu'on lui connoit les malheurs de la Compagnie qui ſe voyoit ſur le point d'être deshonorée ſi la Prétendente étoit intruſe. Les voix furent recueillies, toutes allerent à l'excluſion, il ſe chargea du ſoin de faire valoir les raiſons communes.

Qu'on ne s'imagine pas au reſte, que le zéle du judicieux la *Noue* fût intéreſſé, & que la crainte de voir le mérite, de la Demoiſelle Cleron balancer les applaudiſſemens prodigués à la Demoiſelle *Gautier* ſon éleve, l'engageât à s'oppoſer à ſa réception. Une pareille idée ſeroit abſurde, la Demoiſelle *Gautier* eſt trop ſupérieure : en effet, que lui manque-t-il pour être une excellente Actrice ? une taille, un viſage, des bras, de la vérité, du ſentiment. Voilà de plaiſantes bagatelles.

La

La *Noue*, Acteur goûté, sçait trop bien qu'on peut plaire sans ces frivoles avantages.

Ce n'étoit donc point un esprit de parti qui le détermina, c'étoit amour pour la justice; c'étoit l'intérêt de sa Compagnie, dont la plus saine partie avoit formé une ligue offensive & défensive contre l'invasion dont on étoit menacé.

La Demoiselle *Gaussin* tranquille au milieu du tumulte des armes, voyoit, sans s'étonner, les mouvemens de ses Compagnes. Certaine de son innocence, & de la pureté de ses intentions, sa douceur naturelle paroissoit répugner aux moyens violens; mais le prudent la *Noue*, qni voit loin dans l'avenir, lui fit sentir les conséquences de cette imprudente sécurité, il lui ouvrit les yeux sur son état; il possede au suprême dégrés l'art de manier les cœurs. La susceptible *Gaussin* s'émût, sa délicatesse s'effaroucha, elle ne put envisager, sans effroi l'affront auquel elle étoit exposée, elle prit feu, & devenue hardie par le danger, elle accepta, sans balancer la commission d'interprête de l'Assemblée. Ses larmes touchantes se firent entendre, elle gémit, & quelle douleur fut jamais plus attendrissante? Quoi, Ma-

Mademoiſelle *Fretillon* devenue l'émule de la Demoiſelle *Gauſſin* !

C'eſt ici plus que jamais, que la raiſon des mœurs eſt puiſſante & victorieuſe. Quel parallele diſſonnant ! Mademoiſelle *Cleron* affichée dans tout le Royaume par des avantures d'éclat ; Mademoiſelle *Cleron* fameuſe par les excès de ſon impudicité & de ſes débauches, aimant le plaiſir pour le plaiſir même, courant toujours après ſans pouvoir s'en raſſaſſier, voulant le goûter à quelque prix que ce ſoit ſans s'embaraſſer ſi les moyens qu'elle emploie pour cela ſont honteux & deshonorants. Quelle humiliante rivalité pour la Demoiſelle *Gauſſin* ! l'innocence de ſes mœurs n'auroit elle pas dû la ſouſtraire à de pareils accidens ? la vertu devoit elle jamais être en droit de ſe plaindre ?

Qu'on ſuive Mademoiſelle *Gauſſin* depuis ſa naiſſance juſqu'à ſon début, & depuis cette époque juſqu'à ce jour, on verra dans toute ſa conduite regner un caractère de ſageſſe, & d'innocence, qui doit lui mériter, à juſte titre, la vénération publique. Jamais ſa profeſſion lui a-t-elle fait oublier ce qu'elle devoit aux bienſéances du ſexe ? n'a-t-elle pas toujours allié l'Actrice aimable à la fille vertue tueuſe & remplie de ſentimens? les Graces ne ſont occupées qu'à rendre ſes charmes plus touchans; l'amour, le tendre amour parle par ſa bouche, & lui prête ce ſon de voix enchanteur qui pénétre l'ame & la remplit d'une émotion délicieuſe; elle n'a point les ſons éclatans ni la voix perçante de Philomele, elle a celle de Venus même, cette voix tendre que ces colombes (témoins diſcrets de ſes plaiſirs) entendirent dans les boſquets d'Idalie, & qu'elles tenterent d'imiter par leur doux murmure; tout en elle ne reſpire que volupté, mais une volupté ſage & toujours ſubordonnée aux loix de la pudeur & de la décence, & ſi quelquefois l'adorable *Zaïre* a paru compatir aux déſirs empreſſés des cœurs ſoumis à ſes attraits, a-t-on jamais oſé l'accuſer de partager le ſentiment du plaiſir dont elle les enyvroit? Supérieure aux foibleſſes de la nature, c'étoit pure généroſité de ſa part, ces tendres inſtants étoient uniquement dûs à ſa bonté. Son extrême indulgence ne comprenoit pas qu'on pût avoir la dureté d'être inéxrorable. *Et comment en effet eſt-il poſſible de refuſer un Galant-homme, qui ſe preſente de bonne grace, et nous preſſe avec inſtance?*

En

En vérité je ne puis concevoir comment la Demoiſelle *Cleron* a jamais oſé ſouffrir qu'on la compromît avec une perſonne auſſi reglée. Je ſens d'un autre côté combien il doit être mortifiant pour la Demoiſelle *Gauſſin* & ſes vertueuſes Sœurs de la voir confondue parmi elles. Elles auront toujours à rougir du paſſé & à trembler pour l'avenir & ce ne peut-être qu'en frémiſſant qu'on ſe rappelle à la Comédie Françoiſe toutes les gaillardes orgies d'une *Fretillon*. Mais revenons a Mr. le Marquis.

Sa Famille augmentée demandoit une plus grande maiſon. La Demoiſelle *Cleron* en prit une à ſon gré dans le voiſinage de ſa Comédie Françoiſe. Ce fut alors qu'on étalât les meubles de toutes ſaiſons, les Tableaux, les Bronzes, les Urnes du Japon. Tous les jours il y paroiſſoit de nouveaux ameublemens, jamais il ne s'en trouvoit aſſez. Les anciens Amis, qui commençoient à reparoître, ne laiſſerent pas de ſoulager Mr. le Marquis ſans qu'il le ſçût, ſoit par une tenture de Tapiſſerie ou de toile de Perſe pour l'établiſſement de la Bacchante; ſoit par les Pots-à-fleurs de la Chine, les Pendules, les Clavecins & autres choſes ſemblablables, tout y trouvoit place jusqu'aux médailles & aux colifichets; & même les Pots de Cerises à l'Eau-de-vie n'y étoient pas mal reçûs.

Il est vrai que la Demoiselle sçavoit sur cela distinguer les récompenses méritées. Il y avoit à cet effet dans la maison qu'elle habitoit, une petite porte de derrière qui communiquoit à une rue, & dont on faisoit l'usage convenable pendant l'absence du Maître. Cette petite porte n'appartenoit qu'aux Privilégiés, & ne leur étoit pas permise à toute heure. Le zèle y en entretenoit quelquefois plus d'un qui avoient tout le temps de s'y morfondre, & d'y essuyer la pluie, le froid ou le chaud. Mais à quoi ne s'expose-t-on pas pour parvenir à ce que l'on aime? La peine qu'on souffre en ce cas occupe bien moins que le prix que l'on en attend. Quand une fois le terme est venu, que l'on arrive au tête-à-tête, qu'on voit une Maîtresse affligée & qu'il faut consoler de tout ce qu'on a souffert, qu'on la voit tendre, vive, ardente à demander cent fois si on l'aime bien, en vouloir des preuves & en donner; quel est l'Amant qui ne s'enflamme pas? La fureur d'amour le prend; il triomphe d'un d'un Rival dont la Maîtreſſe n'eſt infidelle que pour lui ; toute la converſation n'eſt qu'un tranſport, qu'un embraſement continu.

C'eſt ainſi que ſe comportoient les Amants de la Demoiſelle *Cleron*, & que chacun d'eux poſſédoit ſon cœur en entier.

Un de ceux-là, le plus généreux & peut-être le plus digne, languiſſoit depuis pluſieurs années dans une contrainte cruelle. Les jours lui étoient interdits ; les nuits à la longue lui devenoient incommodes, fatiguantes, inſoutenables. Il repréſenta ſon état ; les bons procédés parlerent pour lui ; il obtint la permiſſion d'entrer de jour, & de courir le riſque d'une rencontre de Mr. le Marquis, en prenant pourtant ſur cela toutes les précautions qu'inſpiroit la prudence. La Demoiſelle s'en chargea, & ce fut avec ſuccès pendant un tems.

On conviendra qu'alors Mr. le Marquis tout puiſſant qu'il étoit, ſe reſſentoit de la conjoncture des temps. Les dettes qu'il avoit contractées en partie pour élever ſa Maîtreſſe au point où elle étoit, ce tas de meubles, de bijoux, de Vaiſſelles emmagaſinées dans ſa maiſon, avoient con-

consommé d'abord son plus clair revenu. Il lui falloit nécessairement prendre haleine. La pension de six mille livres ne rendoit pas les cinq cent livres par mois aussi régulierement que la Demoiselle *Cleron* le demandoit. Quinze jours, trois semaines, un mois de retard l'inquiétoit.

Mr. le Marquis s'en apperçut: l'excès de sa bonté lui fit faire de nouveaux efforts; elle eût lieu d'être satisfaite. Il fit plus: ce fut un billet portant promesse de lui payer cette pension tant qu'elle vivroit. Le motif apparent fut un argent prêté, parcequ'il en falloit nécessairement un, & que dès ce moment il n'y en pouvoit avoir d'autre.

La Demoiselle nantie de cette sûreté que lui avoit acquise le nouveau serment d'un attachement inviolable & d'une éternelle fidélité, se persuada bientôt que son premier Amant n'étoit plus en droit de la contraindre à l'égard de celui qu'elle avoit déjà introduit de jour chez elle. En effet, il y revint & plus souvent & plus indiscretement. A force de courir le danger, il en perdit l'apparence, & n'y pensa plus.

Un jour qu'ils se croyoient dans la plus grande sécurité, & qu'ils en goûtoient les dou-

douceurs, Mr. le Marquis entra brusquement: c'étoit son allure, & reconnut là le Médor dont il a été parlé, ce Médor qu'elle avoit juré de ne revoir jamais.

„ Comment! s'écria-t-il, c'est vous „ qui me trahissez encore; vous! pour „ qui j'ai tout sacrifié, & que j'ai com„ blée de biens; vous! que j'aime de„ puis tant d'années, malgré ma famil„ le révoltée, & mes amis indignés: „ Vous! à qui cent fois par jour je con„ sacrois le reste de ma vie; vous, „ enfin! qui m'avez tant juré de m'être „ fidelle à jamais, Maitresse indigne, „ vous m'avez donc toujours trompé!

„ Monsieur, dit elle, je consens à „ vous désabuser. J'ai crû vous servir „ mieux en vous cachant de tristes vé„ rités; mais puisque vous devinez tout: „ sçachez encore que l'Amant, que vous „ voyez là, n'a pas cessé de m'aimer de„ puis huit ans. J'étois convenue avec „ lui de vous épargner la peine de le „ voir; j'y ai fait mon possible, le mal„ heur vous guide ici, quand je ne vous „ y attends pas, vous m'y surprenez, „ ce n'est pas ma faute. Au surplus, que „ votre emportement n'aille pas plus „ loin, il feroit inutile: demeurez ici &

„ re-

„ revenez y si cela vous plait, j'y con„ sens: vous y serés le bien venu, vous „ y verrés cet Amant de plus, il faut „ vous y résoudre, ou prendre un autre „ parti, puisqu'enfin ceci est ma mai„ son, j'y suis la Maîtresse, tout y est „ à moi, fille de Théatre, je ne dépends „ de personne.

„ Mademoiselle, répondit Mr. le Mar„ quis, je reprends mes sens; je vois vos „ infidélités & vos outrages d'un œil sec, „ je jure tranquillement que je ne vous „ verrai de ma vie: mais puisque je „ prends ce parti, rendez moi ma fille, „ je la demande, je la veux, c'est tout „ l'objet de mon amour: mon honneur „ & ma conscience veulent que j'en „ prenne soin, & que pour sauver sa „ perte je la retire de vos mains. *C'est* „ *sur quoi*, répondit la Demoiselle, *je ne* „ *puis vous satisfaire*. Vous me renderés „ mon enfant, dit-il". *Votre enfant! Monsieur*, reprit-elle, *il n'est point à vous. S'il vous souvient que j'accouchai a sept mois pour vous, apprenez que j'ai accouché à neuf pour un autre. Cet autre est l'Amant que voilà; il en est le Pere, & ma fille est à lui.* Mademoiselle, tout est dit: tant d'horreurs me confondent. Adieu. Mr. le Marquis se retira.

Voilà quelle a été la fin de cette intrigue d'Amour ; intrigue tissue de perfidies & de souplesses. On n'a pas jugé à propos de les conter toutes ici ; on en laisse le soin à la Demoiselle Cleron lorsqu'il lui plaira de continuer la suite de son Histoire que le public attend avec impatience ; & d'ailleurs il suffit quant à présent de donner une idée de la conduite de cette Demoiselle par deux ou trois faits que contient ce Mémoire, qu'elle a elle-même avoués. On conviendra que les talens de la Demoiselle Cleron qui la font briller au Théatre, ne sont pas ceux qui la distinguent le plus de ses Camarades, & qu'elle est parmi elles plus respectable & plus illustre encore par le grand art qu'elle a de commercer en amour : aussi est-elle leur modèle & leur point de vue. Toutes sont attentives à ses démarches & s'en font informer. C'est d'elle qu'elles ont appris la nécessité d'une maison à deux portes, l'œconomie d'un tête-à-tête, l'évaluation de chaque faveur. C'est d'après elle qu'elles sçavent ce que peut produire un premier de May, une fête ou deux de Patrons, le Grand-Jour de l'An, de quelle ruse il faut user pour tenir toujours les Amants à demi satisfaits, de quel moyen

yen il faut se servir pour faire payer à trois ou quatre un présent qu'on a reçu d'un cinquième, & qui ne coûte rien; & enfin la grande maxime des Obligations, des Contracts, preuves d'amour que des Amants bien épris refusent rarement dans leur yvresse quoiqu'ils puissent envisager le désespoir d'une famille, la certitude d'un dérangement & les cruels effets qui s'ensuivent.

Bien d'honnêtes gens, bien des personnes respectables d'ailleurs sont dans le cas d'y penser. Ils devroient y faire des réflexions sur l'exemple de Mr. le Marquis qui n'en a pas fait. La Demoiselle Cleron l'a dérangé, & toujours trompé: que le Successeur se tâte, & qu'il ouvre les yeux il se verra plus trompé encore.

La Société est en vérité blessée de voir les plus dignes hommes placer si mal leurs affections, consacrer leurs plus beaux jours à des filles de Théatre, nées dans la boue, élevées dans les halles, dont le libertinage, la pompe, & l'insolence semblent insulter à toute vertu; qui en recevroient des châtiments, si elles n'étoient à l'abri sous le Privilége honteux de leur état.

On a suivi la Demoiselle Clerón depuis

 son

son arrivée à Paris jusqu'à ce jour ; on a vû exactement en quel état Mr. le Marquis l'a prise, on peut voir en quel état elle l'a quitté ; on jugera jusqu'où se sont portées pour elle ses bontés, quels biens elle en a reçus, tout enfin ce qu'il a pû faire en vue de se l'attacher, & dans le malheureux dessein qu'elle avoit pris de ne s'en séparer jamais ?

Cette fille lui est infidelle, le trahit, le chasse : ces procédés n'anéantissent-ils pas le billet qu'elle représente ? Ne manque-t-elle pas la première aux conditions qui le lui avoient obtenu ? Ne seroit-il pas très-juste au contraire d'enlever les meubles, la Vaisselle, & les bijoux de la maison qu'elle occupe, de la dépouiller de ses habits d'étoffes d'or, de ses boucles de Diamant en girandolles, de la renvoyer à la chambre de bergame d'où Mr. le Marquis l'a retirée, & de la faire rentrer dans l'état de Fretillon d'où elle n'auroit jamais dû sortir ?

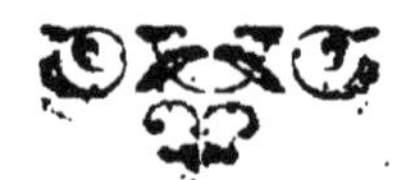

MEMOI-

MEMOIRE

pour la Demoiselle PETIT *Danseuse de l'Opera, révoquée complaignante au Public.*

C'est avec autant de douleur que de honte que je me vois réduite à emprunter la plume d'un Ami, pour me deffendre contre mes persécuteurs, & mon Accusatrice. J'espere encore assez des uns, & je méprise trop l'autre pour les nommer, le Public les connoît, il sera notre juge. Je suis cette Danseuse qu'on a, dit-on, surprise sous le Théatre de l'Opera telle que Venus & Mars furent exposés dans les rets de Vulcain aux yeux de l'Olympe assemblé. Le témoin prétendu de mon infamie ressemble assés par la noirceur de son teint & la difformité de sa taille à ce Chef des Cyclopes. Son ame est bien digne du corps qu'elle occupe ; elle a tous les vices de son état, & n'en a pas les vertus.

Il est d'usage parmi nous de s'accorder une indulgence réciproque en matière de galanterie. Cette discrétion politique est absolument nécessaire à l'intérêt commun ; sans cela nous serions tour-à-tour les dupes de nos vengeances, & les hommes cesseroient d'être les nôtres.

J'avouerai que je ne voulois entrer à l'Opera que dans la vûe d'imiter mes Compagnes, & d'arriver comme elles au bonheur par la route du plaisir. Je suis jeune, bien faite, & d'une assez jolie figure. J'ai les yeux petits, mais vifs, & ma mere, qui s'y connoît, dit qu'ils en valent bien de plus grands.

Tous mes amis solliciterent donc pour moi une place dans les Chœurs, & je l'obtins à force de crédit. Je comptai dès lors ma fortune assûrée. Nous sommes sur le Théatre ce que les Fermiers Généraux sont dans les Finances : la plûpart commencent avec rien, nous commençons de même. Ils s'intéressent dans plus d'une affaire, nous n'avons jamais pour une intrigue. Ils doivent l'alliance des Grands à leurs richesses, nous la devons à nos appas. Ils sacrifient leurs amis à l'intérêt, nous lui sacrifions nos Amans. Un trâit de plume leur vaut cent mille livres, une faveur accordée nous en vaut quelquefois davantage. Ils font des traités captieux, les nôtres sont équivoques, Le goût du plaisir nous mène à la prodigalité, le faste les rend dissipateurs.

Deux

Deux choſes nous différencient. Ils s'endurciſſent pour théſauriſer, nous nous attendriſſons pour nous enrichir. Ceux, qu'ils ruinent, les maudiſſent, ceux, que nous ruinons nous adorent. Vous voyez, Meſſieurs, que je connoiſſois toutes les prérogatives de ma place, & j'aurois eu bientôt acquis le peu qui me manquoit pour la remplir dignement. J'ai peu d'eſprit, mais en faut-il beaucoup, quand on a le reſte ? Et d'ailleurs le Théatre n'en donne-t-il pas ? helas ! j'en aurois eu comme les autres, ſans la malheureuſe avanture que la calomnie m'impute, pour m'en enlever de brillantes. Je vais, Meſſieurs, vous expoſer le fait qui a ſervi de baze aux impoſtures de mon Accuſatrice.

J'arrivai ſur les trois heures à l'Opera avec ma Coëffeuſe. Le Tailleur étoit dans ma Lôge, & Mr. d'Alainville protecteur né de toutes les filles qui commencent, y étoit venu aſſiſter à ma petite toilette, & me débitoit mille jolies choſes ſur l'éclat de mon teint, la blancheur de ma peau, & la fineſſe de ma taille. J'écoutois avec plaiſir ce qu'il me diſoit avec confiance : un viſage de vingt ans donne bien de la facilité pour le débit.

bit. Mr. de Bonac, qui paſſa vis-à-vis de ma loge, m'apperçût, & me ſouhaita le bon jour: je lui répondis en fille bien née. Un homme de qualité ne veut pas être en reſte de politeſſe; il entra dans la Lôge, & me dit des folies auxquelles je répliquai avec ſageſſe. Enfin il m'enfila de converſation, & nous nous donnâmes en badinant quelques coups. J'avois eû le dernier; je courus après lui dans le deſſein de me venger. Il me demanda grace, & me baiſa la main: je m'appaiſai. La Demoiſelle Cleron, qui entra dans cet inſtant, feignit de prendre les préliminaires pour la choſe même. Elle alla ſur le Théatre annoncer elle-même ſes lubriques viſions à Mademoiſelle Cartou, qui refuſa de la croire, & qui lui conſeilla Chrétiennement, la choſe ſuppoſée vraie, d'en ſupprimer le ſcandale qui ne pouvoit manquer de rejaillir ſur tout le Corps.

Les Méchans n'écoutent point de conſeils. Elle raconta le fait à des eſprits moins bons, & plus crédules ſur le compte du prochain. Quand je parus dans les Couliſſes, on vint me regarder; on ſe parla bas, on rit ſous cape. Je m'aperçus que j'étois l'objet de tout ce manége. J'en de-

demandai la raiſon & je l'appris avec toute l'indignation que donne le témoignage de la conſcience contre la calomnie. Mr. Thuret, galant homme, mais ſubordonné, fut informé de l'hiſtoire par une femme qu'il eſt obligé de croire lors même qu'elle ment. Et je fus ſacrifiée à la haine que j'ai encourue ſans l'avoir méritée.

Voilà le Fait tel qu'il s'eſt paſſé. Examinons maintenant quel ordre on a obſervé dans l'arrêt de ma proſciption. *Unus teſtis, teſtis nullus.* Un ſeul témoin ne fait point de témoignage. Je n'ai contre moi qu'un témoin, encore eſt-ce une fille, & quelle fille, Meſſieurs! Il me faudroit toute ſon impudence pour détailler l'hiſtoire de ſa vie. Ce que je vous dois, Meſſieurs, auſſi bien qu'à mon ſexe ne me permet pas de l'entreprendre. Il me ſuffit de vous dire que ſon Amant (Duval Chirurgien) lui-même l'avoit quittée il y a environ un an. M. Pibrac (*) ſçait bien pourquoi ; mais ces Mrs. ſe taiſent par devoir & moi par bienſéance. Si ma Partie avoit penſé comme moi, je ne me verrois pas aujourd'hui for-

(*) Chirurgien Expert pour Les maladies vénériennes.

forcée à la noircir pour me justifier. Tel est, Messieurs, ce témoin qui dépose contre moi; voyons si tous ceux qui m'innocentent, ne méritent pas au moins de balancer sa déposition. Le Tailleur de la loge ne m'a pas quittée, & il nie le fait. Mais, me dira-t-on, 1°. vous avez acheté son silence.

Qu'on prouve la subordination. On a menacé le pauvre homme de le chasser; il a persisté dans la négative, & je ne suis pas assûrément en état de le dédommager de son emploi s'il venoit à le perdre. 2°. Sept autres témoins déposent contre vous. Qu'on les produise ces témoins, qu'ils se présentent devant moi pour me confondre par une déposition unanime, & circonstanciée. Suffit-il donc d'annoncer des témoins pour condamner un Accusé? La Loi n'exige-t-elle pas qu'ils soient confrontés avec lui, afin qu'il puisse infirmer leur témoignage s'il se trouve faux, ou qu'il soit forcé à l'aveu du crime, s'il est coupable.

3°. „ La Coëffeuse est d'une profes„ sion suspecte, & elle est à vos gages". Elle n'est point à mes gages; & quand cela seroit, en matiere criminelle le témoignage des Domestiques est reçû dans

les

les Tribunaux. Sa profeſſion, à la vérité, eſt ſuſpecte; mais ſa perſonne ne l'eſt pas, & ſa dépoſition eſt d'un autre poids que celle de ma Partie dont heureuſement pour moi les hiſtoires ſont avérées, & confirmées par l'impreſſion.

M. d'Alainville décoré des honneurs militaires, & connu par ſa probité, eſt-il auſſi un témoin ſuſpect de vénalité? N'avoit-il pas même des raiſons non ſeulement pour m'abandonner, mais pour être le plus cruel de mes ennemis, ſi j'avois été coupable? Il eſt cependant le premier & le plus ardent de mes Deffenſeurs? Il a vû arriver M. de Bonac, il a entendu ſes propos, & mes réponſes, il a été témoin de mes actions; rien de tout ce qui s'eſt paſſé ne lui eſt échappé. Un témoignage de cette eſpece eſt, je crois, victorieux, & doit rejetter ſur mon Accuſatrice toute l'infamie dont elle a voulu me couvrir. Je ne demande point à rentrer à l'Opera, il ne faut pas même que la femme de Cæſar ſoit ſoupçonnée; j'aurois trop à rougir du ſeul ſouvenir de cette affreuſe intrigue. Mais, Meſſieurs, j'exige un Acte de juſtice de votre part, que vous ne ſçauriez me refuſer. Si la calomnie eſt avérée, ſifflez mon ennemie. Que vos avanies la forcent à cher-

chercher les ténébres azile du crime. Elle eſt en Chanteuſe ce que je ſuis en Danſeuſe; vous perdrés peu à ſes talens, & vous aurès la ſatiſfaction d'être les Vengeurs de l'innocence opprimée. *Signé* PETIT.

RÉPONSE

au Memoire de la Demoiſelle PETIT *ci-devant Actrice de l'Opera, pour ſervir de juſtification à la Demoiſelle* CLERON *accuſée d'impoſture & de Calomnie.*

MESSIEURS.

J'avois voüé un généreux ſilence aux imputations injurieuſes, & aux éloquentes invectives de la Demoiſelle Petit. J'avois réſolu de ne leur oppoſer que le mépris dû à ſa perſonne: mais le nom de Calomniatrice ſi nouveau pour moi, m'a parû encore intèreſſer tellement l'honneur de la profeſſion que mon innocence ſe trouve forcée d'élever aujourd'hui ſa voix pour vous demander juſtice à mon tour. Le procès, qu'on m'intente injuſtement, eſt, Meſſieurs, actuellement par devant vous. Vous êtes ſaiſi de la conteſtation par le Fait de ma Partie même, me, & les Piéces ſont ſur le Bureau. Il eſt queſtion d'examiner les prétendus griefs de mon Adverſaire; la diſcuſſion n'en ſera pas longue, & j'y répondrai ſommairement.

Les Différens d'éclat entre particuliers tournent toujours au profit du Public qu'ils amuſent, & qu'ils divertiſſent. Le Public a les revenans-bons de toutes ces ſcènes réjouiſſantes que ces ſortes de démélés font naître; mais ils répandent auſſi fort ſouvent un certain luſtre ſur des perſonnages obſcurs qu'on auroit toujours ignorés, s'ils n'avoient pris ſoin de ſe faire connoître. Tel eſt préciſement le cas où nous nous trouvons la Petit & moi. Humbles Actrices de Chœurs, condamnées par la médiocrité de nos talents à figurer entre des Couliſſes, & tout au plus à faire nombre; ſans la conteſtation dont il s'agit ici, qui jamais eût ſoupçonné notre exiſtence? Graces aux ſoins de mon Adverſaire; vous avez de jolis portraits de nous, & ces deux curieux morceaux deviendront une piéce de Cabinet. Je pardonne à la charmante Petit de m'avoir affublée en Cyclope femelle. On ſçait que pour entrer à l'Opera, il ne faut point faire preuve de beauté. Il eſt rare d'y d'y trouver des attraits naturels. Dans ce Pays merveilleux tout n'est qu'artifice, illusion, & prêstige, nous ressemblons à nos Perspectives, & nous sommes proprement nous mêmes une sorte de décoration. L'art épuise toutes ses ressources pour nous aider à tromper les yeux. Le mérite personnel d'une Actrice, consiste à faire valoir de foibles attraits, à changer ses défauts mêmes en agrémens, & enfin à faire adorer quelquefois jusqu'à la laideur. Ainsi l'esprit ou l'adresse est chez nous d'un plus grand usage que la figure ; & la supériorité, que j'ai sur mon Adversaire à cet égard, peut bien compenser, ce me semble, les petits avantages qu'elle éxagere tant. Je lui passe sa taille, & ses petits yeux qui en valent bien de plus grands, à ce que dit sa mere. On voit que ces petits yeux vifs débutoient assez joliement, & les Connoisseurs, qui apparemment ne les avoient pas encore remarqués, doivent bien les regretter aujourd'hui.

J'adopte volontiers les maximes établies par mon Adversaire au sujet des devoirs de notre état. La comparaison des Actrices avec les Fermiérs Généraux est un morceau brillant, digne d'une plume me plus exercée que la mienne; mais je la trouve un peu hardie, & je ne l'aurois pas pouſſée ſi loin. Nous devons des ménagemens à ces Meſſieurs dont le goût conſtant pour l'Ordre des Actrices nous fait ſentir de plus en plus la conformité de nos conditions.

J'aurois donc reſpecté les quarante *Colomnes de l'Etat*, & me ſerois tournée vers ceux qui en ſont les *quarante Lumieres*. J'aurois cru avoir trouvé un parallele plus juſte en nous comparant à Meſſieurs les Académiciens François, & je me ſerois expliquée à peu près en ces termes: Nous ſommes ſur le Théatre ce que les Académiciens ſont ſur le Parnaſſe. La plûpart commencent avec rien, nous commençons de même. C'eſt le mépris de l'honneur qui nous avance; c'eſt par les baſſes ſoupleſſes qu'ils parviennent. Ils doivent l'alliance qu'ils ont avec les Grands à leur bel eſprit; nous la devons à nos appas. Si nos minauderies plaiſent, le ſtile affecté a ſes partiſans. Nous ruinons nos Amans; ils ruinent leurs Libraires. La jalouſie & la médiſance regnent parmi nous; elles ne regnent pas moins chez ces Meſſieurs. Nous donnons tous les jours du vieux pour du neuf; ils font de même.

On leur fait la cour pour entrer dans leur Temple, on nous courtise pour entrer dans. . . . . . Nous ouvrons quelquefois le leur, & ils contribuent à faire ouvrir le nôtre. Ils sacrifient assez souvent la gloire à l'intérêt ; nous lui faisons un pareil sacrifice. Une chose nous différencie : nous amusons le Public, on dit qu'ils l'ennuyent.

Je viens à l'Exposé du Fait. Il y a deux choses à examiner dans le récit de mon Adversaire. 1°. Le Fait en lui-même, tel qu'il est détaillé dans le Mémoire. 2°. Le Personnage que j'ai fait dans cet événement. Il s'agit de trouver d'une part dans les circonstances du Fait l'innocence dont se prévaut la Partie, & d'un autre côté de voir dans la conduite que j'ai tenue ce qui fonde le nom odieux de Calomniatrice dont on me décore.

La Demoiselle Petit est dans sa Lôge; un homme assiste à sa toilette, & lui débite de jolies choses sur son teint, sa peau & sa taille. Voilà Mademoiselle Petit enyvrée d'encens, & son imagination toute préparée à recevoir des impressions encore plus flateuses. Un homme de condition vient à passer, il dit des folies à

la

la Belle ; des folies ſont plus piquantes que des fadeurs : mais la ſageſſe dicte ſes réponſes.

Cependant on s'enfile........ de converſation , & puis les mains ſont de la partie ; on s'agace par de petits coups ; adieu la ſageſſe & la gravité. Ma chere Compagne, en fille bien née n'eſt point accoûtumée à demeurer en reſte, & ne veut point ſur-tout avoir le dernier. Elle court après ſon homme , le rejoint , & bientôt lui fait demander quartier. Je paſſe dans l'inſtant du Combat : il étoit en effet aſſez difficile de diſtinguer d'un premier coup d'œil s'ils en étoient aux préliminaires, ou à la choſe même. Mais je ſuis naturellement poltrone & j'imitai ces Eſpions peu aguerris qui quittent la place auſſitôt qu'ils voyent deux corps de troupes s'ébranler , ſans être curieux du conflit. Je gagnai auſſitôt le Théatre; je rencontrai Mademoiſelle Cartou , & je lui contai tout ſimplement ce que j'avois vû , ſans aucune charge. Voilà dans quelles circonſtances je vous laiſſe à démêler, Meſſieurs, l'innocence de Mademoiſelle Petit. Pour moi , ſans entrer dans le mérite du fonds, je vois du moins bien de l'imprudence de ſa part. La Ga-

 lan-

lanterie conduite avec les égards qu'on se doit à soi-même, n'est plus regardée chez nous comme un crime, & devient presque une vertu de notre état; parce que nous lui devons à coup sûr la meilleure partie des agrémens qui nous font réussir en public: mais il ne faut point aporter l'air de libertinage sur le Théatre. Allumons y toutes les passions que nous sommes capables de faire naître; lançons des traits inévitables aux cœurs qui viennent s'offrir à nos coups; mais soyons y comme dans un fort imprénable à ceux de l'Amour. C'étoient à peu près les réflexions que je confiois à Mademoiselle Cartou, croyant ne parler que pour elle. Mais des oreilles attentives sçûrent nous dérober notre entretien. Ainsi l'histoire se répendit plus ou moins chargée selon le dégré de malignité qu'elle acquéroit en passant de bouche en bouche. Delà les ris & les regards fréquens dont se plaint avec raison la Demoiselle Petit. Suis-je donc une Calomniatrice pour m'être allarmée sur des apparences qui ont causé tant de scandale, & dont les conséquences m'intéressoient avec tout le corps des Actrices. Mais à qui pourra-t-on prouver que j'aye dénoncé la Demoiselle Petit pour mé-

mériter le nom de Délatrice ? Mr. de *Thuret* (*) qui ſur cet Article entend raillerie mieux qu'homme du monde, auroit-il ſur mon ſeul témoignage fait un exemple auſſi ſévére ? Je ne ſuis rien dans toute cette affaire, Meſſieurs, je ne ſuis ni témoin, ni dénonciatrice, & je ne ſçai par quel endroit Mademoiſelle Petit m'a démêlée pour décharger ſon dépit ſur moi ?

Les moyens de récuſation articulés contre ma perſonne ſous cette qualité prétendue de dénonciatrice, ou de témoin, ne ſont pas mieux fondés que le reſte. l'Hiſtoire de ma Vie qu'on oſe détailler eſt le premier de ces moyens. Or vous jugez aiſément, Meſſieurs, que mon hiſtoire eſt à peu près la ſienne ; intrigues, galanteries, manèges, & quelques infidélités peut-être ; (car pourquoi ne l'avouerois-je pas ?) Voilà le tiſſu de notre vie. Nous ſommes toutes faites de même ; il n'y a que les mœurs qui nous diſtinguent, & je ne crois pas qu'elle gagnât beaucoup au parallele de nos mœurs. Le ſecond moyen eſt que mon Amant m'a quittée depuis un an par une raiſon ſçûe de Mr. *Pibrac*. Aurois-je bonne grace de donner ici

(*) *Un des Directeurs de l'Opera.*

ici la liſte des Amans qui ont quitté & repris tour-à-tour Mademoiſelle Petit? Comment donc peut-elle me faire un crime de ces viciſſitudes attachées néceſſairement à notre profeſſion? Quand il feroit vrai qu'un accident, comme celui qu'elle fait ſoupçonner, m'auroit fait perdre mon Amant, n'eſt-elle pas elle-même expoſée tous les jours au même inconvénient, & ſans interpeller ſon Chirurgien, je vous laiſſe imaginer, Meſſieurs, s'il y a toute la ſûreté poſſible avec de petits yeux tournés comme les ſiens.

La Demoiſelle Petit effrayée du ſeul ſoupçon formé contre elle, elle ne démande point, dit-elle, à rentrer à l'Opera. Sa délicate pudeur auroit trop à ſouffrir, & ſans doute elle ſoutiendroit mal les regards curieux du Public; mais elle conclut à me faire quitter le Théatre à force de ſifflets. Pour moi, Meſſieurs, l'Acte de Juſtice que j'oſe à mon tour exiger de vous, eſt qu'en vertu du préſent déſaveu par lequel je me déporte, en tant que beſoin, de la qualité de dénonciatrice, qu'on me prête gratuitement; la Demoiſelle Petit ſoit réintégrée à l'Opera, & réhabilitée en conſéquence dans la meilleure forme qu'il ſera poſ-

possible. C'est toute la vengeance que je veux tirer d'elle.

Regrets de la Demoiselle PETIT *sur son bannissement de l'Opera.*

Par quel destin capricieux
De l'Opera suis-je bannie?
Pour quel Fait si licentieux,
Pauvre PETIT, suis-je punie?
Dans un endroit où les Amours
Font sans cesse leurs meilleurs tours,
Sans doute, j'ai paru coupable
Pour avoir, par trop de pudeur,
Voulu cacher la danse aimable
Qui fait aujourd'hui mon malheur,
Quand au Théatre la pratique
L'autorise, & la rend publique.
Trop vétilleux Entrepreneur,
Vous ferès Amande honorable:
Par un Factum très équitable
On a réparé mon honneur
Pour expier votre injustice,
Il vous faudra me replacer,
Afin qu'incontinent je puisse
Plus librement recommencer.

RÉFLEXIONS

De la Demoiselle CARTOU, *sur les deux Ecrits précedents, qu'elle communiqua un jour d'Assemblée à ses Compagnes les Actrices.*

Personne n'a été plus touché que moi de la disgrace de Mademoiselle Petit; quoique je ne me fusse pas déterminée aisément à demander pour elle la pension que quelques plaisans prétendent qu'elle a méritée par l'endroit même qui a causé son exclusion, j'aurois voulu la voir encore quelque tems dans le noviciat, en attendant qu'elle eût marqué sa vraie vocation. Je ne la jugeois ni en bien ni en mal sur le rapport que l'on a fait d'elle. Le fait que l'on lui oppose est-il vrai, ou ne l'est-il pas? Il est de nature à ne pouvoir guères être vérifié.

Que dirons-nous aussi de sa prétendue dénonciatrice Mademoiselle Cleron? a-t-elle manqué à Mademoiselle Petit par mauvais cœur? a-t-elle pêché seulement par indiscretion? si on vouloit s'entendre, on seroit toujours d'accord. Soit indulgence soit équité, je suis assés portée à croire que

que les apparences ont trompé les yeux. Mademoiſelle Petit ſe ſera échappée à quelques familiarités qui peut être encore lui auront été arrachées. Sur le champ la voilà jugée coupable. Mademoiſelle Cleron aura ri, ſur le champ la voilà dénonciatrice.

Sommes-nous ici à une Scène d'Opera? La diſcorde veut-elle ſecouer ſes flambeaux? aurions-nous oublié ce qu'on nous a dit dans notre enfance ſur les vertus morales & Chrétiennes? Non je ne croyrai point le mal qu'il ne ſoit prouvé. D'un autre côté je ne puis croire que ceux qui nous dirigent ayent eu tort d'expulſer Mademoiſelle Petit. Le bruit s'eſt répandu, la renommée a enflé ſa trompette. Il falloit donner un exemple, tant pis pour celle ſur qui la peine eſt tombée.

Puiſqu'on nous paſſe une vie aiſée & affranchie des préjugés établis par le monde dévot, on nous aſſervit du moins à une autre ſorte de préjugés établis parmi le monde poli. Le crime de Venus ſurpriſe avec Mars ne fut pas tant d'avoir écouté ſon amant que d'avoir bleſſé les yeux des Divinités qui ne prenant pas de part à ſes plaiſirs, n'avoient pas d'autre parti à prendre que de les condamner.

Je ſçai le metier, je l'ai appris; j'avois de bonnes diſpoſitions, j'ai écouté les grands Maîtres Nous avons des décences à obſerver qui valent bien la sageſſe forcée des perſonnes retirées du monde à qui le défaut de vocation pour le monde tient lieu de vocation pour la retraite. On nous pardonne d'inſpirer le plaiſir. Hé! pourquoi ſommes nous faites? réuſſirions-nous ſans cela? mais gardons-nous de tenir tout ce que nos yeux promettent. Permettons tout le feu de la vivacité, & retenons encore la pudeur dans le reſte de notre maintien. Gardons la pour faire des capitulations honnêtes, par elle nous tenons encore à la vertu, ou nous rendons le plaiſir plus cher.

Dans le fait Mademoiſelle Petit a pû allumer le bucher; mais elle n'a pas dû conſommer le ſacrifice, & puiſqu'elle ne l'a point dû, elle ne l'a point fait; mais elle a été répudiée comme la femme de Céſar pour avoir été ſoupçonnée. Son Défenſeur ſçavant dans l'hiſtoire, l'a comparée à l'Impératrice, & dans ce point ſeul j'approuve le plaidoyer.

Mademoiſelle Cleron a eu grand tort de rire auſſi haut & auſſi ouvertement qu'elle a fait. Son imprudence pourroit lui attirer

tirer le ſort de celui des enfans de Noé, qui inſulta ſon Pere dans ſon yvreſſe; car enfin le fait eſt vrai, ou il ne l'eſt pas: s'il eſt faux, pourquoi donner mal à propos une Scène au public, qui aſſemblé ne peut pas ſouffrir les détachemens particuliers, & à qui nous ſommes comptables de tous les plaiſirs que nous pouvons donner; & ſi le fait eſt vrai, ne convenoit-il pas de jetter un voile ſur les Acteurs, qui n'auroit laiſſé aux yeux des Aſſiſtans que des ſoupçons toujours agréables.

Je pourrois m'en prendre au public lui-même qui dans les choſes qui nous intéreſſent aime mieux rire que d'approfondir la vérité. S'il vouloit n'etre pas ſi ſûr de ſon jugement, peut être auroit-il, le plaiſir de revoir danſer Mademoiſelle Perit, après avoir entendu chanter Mademoiſelle Cleron. C'eſt pour l'amour de lui qu'on nous agrée. Que ne nous tient-il compte de toutes nos agaceris, de tous nos mouvemens: toutes nos Actrices n'ont pas autant de goût pour le plaiſir que j'en puis avoir; mais celles à qui la nature n'a donné qu'un caractère triſte, doivent ſe monter ſur un ton de gayeté. Cela mérite, à ce que je crois, que l'on

leur

leur paſſe les préludes. Quelquefois on s'échauffe dans les couliſſes, pour paroître plus animée ſur ſa ſcène.

Nous ne ſommes pas ſi indifférentes au public qu'on l'a dit froidement dans le Mémoire de Mademoiſelle Cleron. Lorſque nous ſçavons faire valoir le talent, nous ne donnons pas un coup d'œil, pas un coup d'évantail qui porte à faux. Un tour de panier découvre la jambe, une politeſſe à un de nos amans, anime notre phiſionomie. Tous nos mouvemens doivent avoir leurs graces, & provoquer les regards. De plus voyez le tableau des Chœurs, des yeux vifs, des yeux mourans, de l'ambonpoint, des tailles déliées, des mots jettés, des airs de s'entendre, de ſe rappeller, ou de ſe promettre des plaiſirs. Voilà ce qui occupe le public encore plus qu'un récitatif ſouvent inſipide, ou que des paroles mauſſades & mal arrangées.

MEMOI-

MEMOIRE

De la Demoiſelle CRONEL *dite* FRETILLON, *aujourd'hui* CLERON, *ci-devant Comédienne de Campagne, enſuite Chanteuſe à l'Opera de* Paris, *& preſentement Actrice à la Comédie Françoiſe de la même Ville, mariée avec le* SR. CHANTEREL, *demandereſſe en diſſolution de mariage pour cauſe d'impuiſſance.*

SI cette cauſe paroît grande, ce n'eſt qu'à ceux qui ſe laiſſent éblouir par l'importance de la queſtion. Car à l'égard de ceux qui voudront en juger par ſon propre fond, ils y trouveront ſi peu d'étendue & tout enſemble ſi peu de difficulté qu'ils croiront comme moi que devant des Juges éclairés elle ne mérite pas le miniſtère d'un Avocat.

Toute la queſtion ſe réduit à ſçavoir, ſi dans une accuſation d'impuiſſance, il eſt des regles d'en venir à la viſite de la femme, qui ſe prétend vierge, lorſque les Experts qui ont viſité le mari, n'ont pû, par l'inſpection de ſa perſonne, s'éclaircir de ce qu'il étoit, lorſque pour lever leurs doutes, ils ont, ou inſinué, ou déclaré, que la viſite de la femme étoit né-

néceſſaire : lors enfin que le mari prétend qu'il a conſommé ſon mariage une infinité de fois, tandis que la femme ſoutient que ces prétendues conſommations ſe ſont réduites à d'inutiles tentatives ; ce qui fait que la femme doit porter en elle-même les preuves de la vérité, & que ces preuves doivent être déciſives pour ou contr'elle. Voilà l'état de la queſtion : en voici le Fait.

J'ai été mariée l'eſpace de ſix mois avec Mr. Chanterel : notre mariage à été ſuivi de cohabitation. Durant tout cet intervale, je prétends que Mr. Chanterel ne s'eſt pas montré mari une ſeule fois ; non qu'il ait manqué de volonté, mais par le défaut de puiſſance. La preuve que la volonté ne lui a pas manqué, eſt qu'il a imité du mari tout ce qu'il a pû, geſtes, contenances, ſituation ; rien n'y a manqué, que la réalité. Ainſi pendant ces ſix mois, il n'y a pas eu ſeulement cohabitation, mais encore efforts & tentatives de conſommation, tous fruſtrés de leur effet.

Me trouvant preſſée par les loix inéxorables de ma conſcience & par les cruelles extrémités où j'étois réduite, je me ſuis vue obligée à la triſte nèceſſité de faire éclat, & d'en venir à une demande de en dissolution de mariage pour cause d'impuissance.

Le premier pas dans une affaire de cette qualité est l'interrogatoire du mari. Ainsi j'ai fait signifier un écrit à Mr. Chanterel, & dans cet écrit j'ai caractérisé le genre d'impuissance, dont je prétendois le convaincre. Je ne l'ai point accusé d'une privation d'organes nécessaires à la génération : je me suis réduite à soutenir, que ces organes étoient destitués de tout mouvement. On entend sans doute ce que je veux dire, & il est aisé de comprendre que l'impuissance que j'impute au Sr. Chanterel est de la nature de celle que l'on appelle communément *Frigidité*.

Mes plaintes ayant été signifiées, Mr. Chanterel s'est présenté à l'interrogatoire. Lorsqu'on lui a demandé son nom, son âge, sa qualité, sa demeure, il a répondu fort juste. Lorsqu'on lui a demandé s'il n'avoit pas été marié avec la Demoiselle Cleron, il a répondu qu'oui. Lors enfin qu'on lui a demandé, si lors de son mariage il n'étoit pas instruit de la fin pour laquelle le mariage avoit été institué, il n'a point hésité a dire, qu'il en étoit très-instruit. Mais lorsqu'on est venu au quatrième Article, où il étoit question

tion de sçavoir, s'il avoit consommé son mariage, il a demandé trois jours pour répondre; c'est-à-dire apparemment pour concerter sa réponse avec quelque bon conseil.

Par bonheur on a trouvé dans les Mémoires de Mr. Chanterel, qu'il disoit avoir consommé, non une fois mais autant de fois que l'occasion s'en étoit présentée; & comme cette occasion revenoit tous les jours, il se trouveroit à ce compte qu'il auroit consommé deux ou trois cens fois: sur quoi, je prie qu'on me permette en cet endroit une réflexion. Il n'y a point d'exemple qu'une fille de mon âge, éclairée des lumières de la raison, & guidée par les conseils d'une mere très-sage, ait été assez insensée, ou pour mieux dire assez furieuse, pour accuser calomnieusement d'impuissance un mari de si bonne trempe, qui doit porter en lui-même des preuves de ce qu'il est, qui doit même avoir laissé dans ma personne des monumens de sa valeur, & qui par conséquent doit être en état de repousser, & ensuite de punir cruellement la calomnie. L'entreprise seroit d'autant plus folle qu'elle seroit plus aisée à détruire.

Quoi-

Quoiqu'il en ſoit, Mr. Chanterel prétend donc qu'il a conſommé ſon mariage deux ou trois cent fois, tandis que je le prétens incapable de le conſommer : & voilà ce qui fait toute la queſtion.

Il faut qu'il y ait des preuves pour vérifier l'impuiſſance, lorſque la femme l'atteſte, & que le mari la nie. Or ces preuves ne peuvent ſe trouver que dans la perſonne du mari, ou dans celle de la femme : dans la perſonne du mari lorſqu'elle peche contre la conformation naturelle : dans la perſonne de la femme, lorſqu'elle eſt encore vierge.

Je ſçavois bien que la preuve ne ſe trouveroit pas complete en la perſonne de Mr. Chanterel. Un Certificat d'un Chirurgien qui avoit couru le monde, apprenoit qu'il portoit en lui un portrait de l'homme ſi reſſemblant, qu'il n'y manquoit que la parole. Ainſi toute ma reſſource pour la preuve étoit en moi-même. Voilà pourquoi j'ai demandé qu'étant vierge, il me fût permis de vérifier ma virginité, par une viſite & par un raport de Sages-Femmes, en la manière accoutumée.

On m'a répondu qu'avant de faire droit

à ma demande, il falloit procéder à la viſite de Mr. Chanterel, d'autant que la viſite du mari doit toujours précéder celle de la femme, parce que les Experts peuvent remarquer dans la perſonne du mari des défauts, dont la découverte peut emporter la déciſion de la cauſe, & diſpenſer la femme d'un examen qui coûte toujours beaucoup à ſa pudeur.

Les choſes étant conduites à ce point, Mr. Chanterel a nommé deux Experts de ſon côté & moi deux autres du mien. Ces Experts après avoir examiné ſi les piéces originales étoient conformes à la peinture que j'en avois tracée dans mes écrits, ont trouvé que l'eſpèce d'impuiſſance dont je me plaignois, conſiſtoit dans une frigidité actuelle, qui ôtoit à Mr. Chanterel toute ſorte de mouvement. Ces quatre Experts ont donné deux différents rapports qu'il eſt néceſſaire de rapporter dès que les rapports ſont en ces matiéres, les piéces eſſentielles & fondamentales. Voici comme parlent les premiers Experts c'eſt-à-dire ceux qui ont été choiſis par Mr. Chanterel.

Nous avons vu & examiné exactement Mr. Chanterel & lui avons trouvé les Parties extérieures ſervant à la génération dans leur figure, grandeur & grosseur convenables; mais comme ces conditions ne suffisent pas pour juger de la consommation du mariage, ayant besoin d'érection & d'éjaculation, ce qui ne nous est point apparu, nous ne pouvons absolument décider, s'il est en état de satisfaire aux devoirs du mariage.

Qu'on me permette ici quelques réflexions sur le raisonnement de ces Experts.

Ils trouvent véritablement dans la personne de Mr. Chanterel, la figure extérieure de l'homme. Mais ils décident en même tems & c'est tout ce qu'ils décident, que cette figure quoique complette, ne suffit pas pour juger de la consommation du mariage. Pourquoi ne suffit-elle pas? Les Experts en rendent la raison; c'est parce que deux autres capacités sont nécessaires. La première pouvoit être apparente aux yeux des Experts. Mais pour la seconde, il n'étoit pas possible de leur en donner un témoignage qui tombât sous les sens. Et pourquoi, je vous prie, font-ils cette remarque, si ce n'est pour nous préparer à l'indécision dans laquelle ils vont nous laisser.

Nous voyons, ont-ils dit, des organes; mais que pouvons-nous juger de ces organes,

ganes, lorſque nous les trouvons inanimés? Et quand même nous y remarquerions le feu & le mouvement qui doit les tenir en haleine, cela nous ſuffiroit-il pour nous convaincre de la capacité du ſujet que nous examinons? Non ſans doute, puiſque dans ce cas même il reſteroit à ſçavoir, ſi ce ſujet eſt pourvu d'une autre faculté qui ne peut être connue que par ſes effets, tandis que ces effets ne peuvent régulierement nous être rendus ſenſibles. C'eſt pourquoi tout ce que nous pouvons dire, eſt que nous ſommes dans une impoſſibilité abſolue de décider ſi le ſujet eſt capable de remplir les devoirs de ſon état.

Or il me ſemble que des Experts qui parlent ainſi, vous diſent fort nettement, ſi on veut l'entendre, que la ſeule inſpection du mari conformé, ne peut donner aux perſonnes de leur art des lumieres aſſez certaines pour juger de ſon état, parce qu'il leur eſt impoſſible de s'aſſûrer par les ſens, s'il eſt muni de toutes les puiſſances dont il a beſoin; & que quand on pourroit les rendre témoins oculaires de l'une des puiſſances, il en reſteroit une ſeconde, qui dépend de l'intérieur, & qui dans les regles ne doit jamais ſe produire au dehors.

Que

Que ſi cela eſt, comme l'on n'en peut douter, quelle eſt la conſéquence que ce diſcours laiſſe à tirer, ſi ce n'eſt que ce grand ſecret, que l'on cherche à pénétrer, ne pouvant ſe découvrir par l'examen de la perſonne du mari? Il eſt néceſſaire d'en chercher l'éclairciſſement dans la perſonne de la femme. Je ne crois pas qu'il y ait dialectique ſur la terre qui puiſſe inferer du raiſonnement que je viens de rapporter, une autre propoſition que celle-là, & ſi l'on pouvoit en douter, il ne faudroit pour s'en convaincre, qu'entendre parler les autres Experts. Car on verra par leur rapport, qu'après avoir poſé pour fondement les mêmes principes que poſent les premiers, ils ne laiſſent pas comme eux, la conſéquence enveloppée dans ſes principes : au contraire, ils la développent & épargnent la peine de la tirer. Voici en quels termes ils ſe ſont expliqués.

Nous avons remarqué que toutes les Parties dudit Sieur Chanterel, ſont dans leur conſiſtance, figure, nombre & grandeur convenable pour remplir les devoirs du mariage. Mais parce que toutes ces conditions ne ſuffiſent pas pour établir la virilité, & ſa puiſſance pour ſatisfaire à ſes devoirs ſans les marques d'érection,

tion, dont il ne nous a paru aucune dans ledit Sr. Chanterel, nous ſommes d'avis pour décider, s'il eſt capable de remplir les devoirs du mariage, qu'il paroiſſe en lui des marques d'érection; & parce que ces marques d'érection ne ſeroient pas encore certaines par raport à la conſommation du mariage, nous eſtimons, qu'il ſeroit à-propos de viſiter la perſonne de la Demoiſelle Cleron épouſe dudit Sr. Chanterel.

On voit par ce dernier raport, que les ſeconds Experts ſont d'accord avec les premiers ſur tous les principes. Le premier principe commun eſt, que la ſimple conformation, quoique parfaite, ne conclut rien, lorſqu'elle ſe trouve languiſſante. Le ſecond, que la raiſon pour laquelle on n'en peut rien conclure eſt, que toute conformation languiſante devient ſuſpecte par ſa langueur. Le troiſième, que quand même la conformation ſortiroit de ſa langueur, on ne pourroit pas encore s'aſſûrer de la capacité du mari, par l'impoſſibilité où l'on ſeroit de juger du reſte, qui ne ſe doit pas montrer.

Après ces principes également poſés de part & d'autre, également admis & reconnus pour indubitables, qu'on me diſe s'il ſe peut remarquer d'autres differences entre les deux rapports, ſi ce n'eſt que

que l'un tire la conſéquence qui ſort naturellement de ces principes communs, tandis que l'autre ſe repoſe ſur les lumières des gens éclairés, du ſoin de la tirer.

Veut-on que je faſſe encore mieux entendre ceci par une comparaiſon? Vous prenez quatre guides pour vous conduire dans un chemin ténébreux. Ces quatre guides vous menent dans un certain eſpace. Au bout de cet eſpace, ils vous abandonnent, mais en vous abandonnant, deux vous diſent: ſuivez toûjours la ligne que nous vous avons tracée, tandis que les autres vous diſent: allez dans ce hameau qui ſe preſente devant vous, vous y trouverés la lumière que vous cherchez. N'eſt-il pas vrai que ſi la ligne tracée par les deux premiers guides, conduit au même hameau, qui eſt indiqué par les deux autres, ces quatre guides ſont parfaitement d'accord, & que toute la différence qu'il y a entr'eux, conſiſte en ce que les uns vous nomment le hameau où vous devez aller, lorſque les autres ſe contentent de vous l'indiquer par la ſuite de leur allignement? Que ſi cela eſt, pouvez-vous craindre d'errer, en ſuivant l'indication uniforme de nos quatre guides? On voit la juſteſſe de ma comparaiſon: elle

elle se fait sentir d'elle-même ; & l'on entend facilement que le hameau où gît la lumière, est la visite que je demande.

Tout mari convaincu de sa capacité se seroit récrié contre ces raports: il auroit pris les doutes des Experts pour des injures : il se seroit offert lui-même à une nouvelle visite: il se seroit prêté & il auroit exigé que je me prétasse à tous les examens que l'ordre judiciaire autorise en ces occasions. Mais Mr. Chanterel trop sage pour se piquer de bravoure à contre-temps, s'est ménagé avec bien plus de prudence. Il s'est saisi de la première partie des raports, qui rendoit un témoignage avantageux de sa conformation ; & après avoir posé pour principe, que pour être mari, il suffisoit de porter la figure de mari, il en a conclut qu'il ne falloit pas s'arrêter aux doutes que les Experts s'étoient faits: Que ces doutes étoient de vains scrupules, & qu'on devoit encore moins écouter ceux des mêmes Experts, qui proposoient la visite de ma personne. Mais que de plein vol, sans autre examen, sans autre recherche, il falloit le déclarer capable d'être mari, & me remettre en sa possession.

Voilà donc l'état de cette cause. Un

mari accusé de frigidité, qui prétend avoir consommé le mariage une infinité de fois, des Experts qui le trouvent conformé, mais qui décident nettement que cette conformation ne conclut rien, & qui indiquent par leurs raisonnements, ou déclarent en propres termes que la visite de la femme est nécessaire, une femme qui se prétend vierge, qui s'offre à cette visite, qui la demande & qui fait dépendre delà toute la décision de la cause, un mari enfin qui prétend contre la décision formelle des Experts, que la simple conformation doit décider de tout: delà comme on voit, naissent deux questions. La première, si en général la conformation du mari suffit pour juger de sa capacité, & si dans le particulier elle peut suffire après que les Experts l'ont déclarée insuffisante. La seconde, si la conformation du mari n'étant point décisive, il faut suivre la route que les Experts en ont facilement ou expressément marquée, & chercher dans la personne de la femme, la preuve de la frigidité qu'elle impute au mari, & qui est le seul & unique fondement de son action. En un mot toute notre cause roule sur ces deux points. La figure de l'homme fait-elle l'homme ? Si elle ne fait pas l'homme, faut-il chercher la preuve de l'homme dans la perſonne de la femme ?

Il faut examiner la difficulté dans ſes deux branches.

Je me donnerai bien de garde de traiter la propoſition de Mr. Chanterel, comme une propoſition ſérieuſe : ce ſeroit lui faire trop d'honneur. Je lui dirai ſeulement, que ſi elle avoit lieu, il n'y auroit preſque plus d'impuiſſant : car à peine en trouve-t-on à qui la conformation manque.

La conformation n'eſt qu'une condition *ſine quâ non*, qui prouve bien que tout ne manque pas ; mais dans les queſtions d'impuiſſance, il ne s'agit pas de ſçavoir, ſi tout manque, il s'agit de ſçavoir s'il n'y a pas quelque choſe qui manque ; & ſur cela il y a un principe certain en phyſique, qui eſt que toutes les opérations de la nature ne s'accompliſſent que par le concours de la figure & du mouvement. Or il n'eſt pas moins certain par l'expérience, que ces deux principes généraux, figure & mouvement, ne ſe rencontre pas toujours dans le même ſujet. On peut avoir la figure ſans le mouvement, comme le mouvemement ſans la figure : donc c'eſt c'eſt fort mal argumenter, que de dire, *j'ai la figure, par conſéquent j'ai le mouvement.*

Si on avoit toujours ainſi raiſonné, aurions-nous cette quantité de loix contre les impuiſſans ? Car il eſt certain que ceux qui ſont impuiſſans par frigidité naturelle ſont conformés comme le reſte des hommes, & cela eſt encore plus indubitable à l'égard de ces autres qui le ſont par maléfice, puiſque leurs opérations ne ſont ſuſpendues que par une cauſe étrangere. Pourquoi preſcrire tant de regles pour découvrir l'impuiſſance de ces ſortes de perſonnes, puiſqu'ils ont toute leur conformation, & que ſuivant le nouveau principe de Mr. Chanterel, la conformation fait tout ? Pourquoi la Loi met-elle à une épreuve de pluſieurs mois, un impuiſſant par frigidité, ſans doute qu'elle lui ſuppoſe toute ſa conformation; car on n'auroit pas beſoin d'un ſi long eſſai pour ſonder l'impuiſſance d'un mari défiguré & on n'expoſeroit pas pendant ſi longtems la pudeur d'une femme aux brutales tentatives d'un monſtre qui n'auroit rien de l'homme, non pas même la figure. Il eſt donc vrai de dire que l'impuiſſance & la conformation ſe ren-

con-

contrent ſouvent dans le même ſujet; & qu'ainſi la conformation ne peut étre une preuve excluſive de l'impuiſſance.

Pourquoi une Loi ordonne-t-elle que la femme qui ſe prétend vierge ſoit viſitée pour juger de l'impuiſſance de ſon mari? elle ſuppoſe ſans doute, un mari conformé: car s'il ne l'étoit pas, la ſeule inſpection de ſes parties ſuffiroit pour le convaincre: & en ce cas, il ne ſeroit pas néceſſaire de chercher dans la perſonne de la femme un éclairciſſement qui s'accorde ſi mal avec la pudeur. Et pour qui étoit faite cette épreuve infâme qui a été de nos jours renvoyée au-delà des monts? Pour qui étoit-elle inventée, ſi ce n'eſt pour des impuiſſans parfaitement conformés? Auroit-on mis aux priſes avec une femme un homme imparfaitement organiſé? Il eſt donc vrai de dire, que l'on peut porter une organiſation très accomplie, & néanmoins être impuiſſant. Non ſeulement cela peut être; mais les exemples en ſont fréquens. Qu'on examine les procès de tous les hommes convaincus d'impuiſſance, on n'en trouvera qu'un ſeul où l'incapacité provînt du manquement de conformation? Suivant le nouveau principe il auroit donc fallu confirfirmer les mariages de tous les autres, & confidérer la frigidité, comme une caufe imaginaire d'impuiffance. C'eft grand dommage qu'une fi rare doctrine n'ait paru plûtôt, elle auroit véritablement fomenté quantité de concubinages monftrueux & contre nature: mais il ne feroit plus refté d'impuiffans que devant Dieu, & les hommes n'en auroient jamais entendu parler.

On pourroit peut-être m'objecter que depuis l'abolition de l'épreuve dont j'ai parlé (*) il ne refte plus de moyen pour pénétrer l'impuiffance; mais ce feroit une erreur: l'ufage en a confervé un que nos Experts nous ont indiqué & dont je parlerai dans un autre endroit. Quant à prefent je dirai feulement, que fi l'on interroge tous les Experts du monde, ils répondront tous que jamais aucun d'eux n'a pris confiance fur la fimple conformation. En effet il n'y en a pas un qui ne demande du moins que le mari anime cette figure extérieure qui paroît en lui: Que fi ce mari refufe, ou tente inutilement de l'animer; il n'y en a pas un qui ne fufpende fon jugement jufqu'à la vifite de la

(*) *L'abolition du congrès.*

la femme, lorsque la femme se prétend vierge.

Une de mes amies a épousé successivement trois maris qui se sont tous trouvés impuissans; une femme ne peut guères jouer d'un plus grand malheur. Le premier non seulement portoit une conformation avantageuse & qui édifia par son embonpoint les yeux des Experts, mais il donna encore des signes de vie que M. Chanterel n'a pû donner; cependant parce que ces signes de vie ne furent pas jugés signes de santé, les Experts ne crurent pas devoir se laisser éblouir par cette riche apparence, ni décider de son état sur l'inspection de sa personne, ainsi la femme fut visitée; & comme elle parut vierge, elle fut démariée.

Le second n'étoit pas tout-à-fait aussi richement meublé que le premier, cependant les Experts parlerent avec avantage de sa conformation, & assurerent qu'ils n'y avoient trouvé à redire que l'assoupissement: mais parce que cet assoupissement résista pendant deux visites successives à toute sorte d'aiguillons, il fut jugé impuissant.

Quant au troisième il ne manquoit encore rien à sa conformation, si ce n'est peut-

peut-être que l'une des glandules qui servent à la génération, étoit un peu hors de place ; mais ce n'étoit pas un vice eſſentiel : car chacun ſçait que l'on peut avec une de ces glandules, ce que l'on peut avec deux. Auſſi le premier rapport lui avoit été favorable : mais parce que lors du ſecond il fut impoſſible de s'animer, les Experts ſe déterminerent contre lui, & il fut jugé impuiſſant. En vain voulut-il trouver de l'abus dans le procedé des Experts qui pour ſonder ſa virilité avoient, diſoit-il, exigé des provocations honteuſes & contraires à la pudeur ; il fut condamné.

Il ne faut pas douter que nos Experts n'ayent cherché à mettre Mr. Chanterel à la même épreuve, & s'ils n'en ont rien dit dans leur rapport, c'eſt parce qu'à Paris on ménage la pudeur ſur le papier ; mais ce n'eſt que ſur le papier qu'on la ménage : car à Paris comme ailleurs les Experts ne ſe fient jamais à une conformation endormie.

Ces Experts ne ſont pas réduits comme de ſimples témoins à ne pouvoir rendre compte que de ce qu'ils connoiſſent par la perception de leurs ſens : ce ſont des Experts, c'eſt-à-dire des gens de ca-

pa-

pacité & d'expérience, qui doivent, non ſeulement donner leur déciſion, mais encore l'appuyer d'un raiſonnement ſolide, fondé ſur les regles & les principes de leur Art. Ainſi lorſque Mr. Chanterel veut qu'ils ſoient ſimplement *Juges du fait*, *&* *non Juges des réflexions* il ſe trompe beaucoup, ſi par ces termes preſque intelligibles, il veut donner à entendre, que nos Experts pouvoient ſeulement compter, & meſurer ſes organes ſans pouvoir juger de leur valeur: c'eſt réduire l'office des Experts à la fonction de ſimples témoins; c'eſt leur ôter la qualité d'Experts.

Ils ont donc eu raiſon: ils ont même été obligés de ſonder la valeur, comme d'examiner le nombre, la figure & les dimenſions des organes, & c'eſt à ces deux devoirs qu'ils ont ſatisfait.

Pour le nombre, la figure & les dimenſions, rien à redire en la perſonne de Mr. Chanterel; mais c'eſt auſſi tout l'avantage qu'ils lui ont accordé, une configuration *convenable*, & rien au-delà. Car à l'égard *de la bonne & louable conformation*, c'eſt un preſent qu'il ſe fait de ſa pleine libéralité & ſans l'aveu des Experts. La bonne conformation emporte ſolidité & ſaine température de ſubſtance, ce que n'emporte pas la configuration. Il

Il en eſt de même de la parfaite habitude du corps que M. Chanterel nous donne encore pour garant de la ſolvabilité de ſa configuration, mauvais garant, dès qu'il n'eſt pas lui-même garanti par les Experts, qui s'en taiſent. Mais les avantages, dit-il, que j'ai reçus de la nature ſont viſibles, *corpulence*, *beau teint*, *belle couleur*; par-là il faut juger de ce qui ne ſe voit pas. *O formoſe puer nimium ne crede colori.* On ne ſe fie pas aux couleurs: on ſçait les preſtiges qui s'y pratiquent; & pour la corpulence, il eſt encore moins difficile de ſe la donner à faux titre; ainſi cherchez d'autres Certificateurs.

Cela ſuppoſé, tout ce que M. Chanterel peut prétendre, eſt de paſſer pour homme *couvenablement* figuré; & cela étant, il reſte à voir quelle conſéquence il peut tirer de ſa configuration. Mais avant que de l'entendre parler ſur cette configuration, il eſt néceſſaire de ſçavoir le jugement que les Experts en ont porté.

Ils ont déclaré d'une commune voix, que la configuration *ne ſuffit pas pour juger*, diſent les uns, *de la conſommation du mariage: Pour établir*, diſent les autres, *la virilité & puiſſance de M. Chanterel.* Ainſi voilà une déciſion unanime de quatre

Maîtres de l'Art ; point de confiance à prendre ſur la configuration ; c'eſt un ſigne trompeur, & qui ne conclut rien.

J'entens néanmoins M. Chanterel qui s'éléve contre cette dècision, & qui dit aux Experts : ignorans que vous êtes, comment ne comprenez-vous pas, que la configuration fait tout ? Comment oſez-vous blaſphêmer contre la nature, & l'accuſer d'avoir fait une ſi belle ſtructure en vain ? Sçachez que la nature ne fait rien d'inutile ; & puiſqu'elle m'a donné l'appareil extérieur de l'homme, il ne vous appartient pas de craindre qu'elle m'en ait refuſé l'efficace & la puiſſance.

Voilà donc la premiere queſtion qui s'éléve entre les Experts & moi d'un côté, & M. Chanterel de l'autre. Car ce qu'il faut remarquer ici, eſt que ma cauſe n'eſt jamais ſéparée des Experts. Si je ſoutiens que la configuration ne prouve rien, je ne le ſoûtiens qu'après les Experts : Si je demande la viſite de ma perſonne, je ne demande que ce que les Experts ont demandé comme néceſſaire. Au contraire, M. Chanterel trouve perpétuellement les Experts en ſon chemin : delà vient, qu'après les avoir remerciés de de ce qu'ils lui ont accordé la configuration, il les traite de téméraires, de superſtitieux & de curieux impertinens, qui veulent *forcer la nature juſque dans ſes derniers retranchemens.*

Mais, indépendamment de l'autorité des Experts examinons en premier lieu, ſi en général la configuration ſuffit, pour purger tout ſoupçon d'impuiſſance, en ſecond lieu, quelle conſéquence M. Chanterel peut tirer de ſa configuration contre moi.

Il blame les Experts de n'avoir pas déféré à la figure extérieure qu'ils trouvoient en lui; & moi je dis que s'ils y avoient déféré, ils ſeroient tombés dans la plus ſignalée extravagance dont l'eſprit humain ſoit capable: & voici comme je prouve ma propoſition.

Ce n'etoit pas d'impuiſſance en général que j'accuſois M. Chanterel, c'étoit en particulier une impuiſſance de frigidité que je lui imputois. Car c'étoit ainſi que ſon imperfection avoit été caractériſée dans les écrits que je lui avois ſignifiés pour lui faire ſubir ſon Interrogatoire. Ces écrits etoient comme le titre déterminatif de l'impuiſſance, qui devoit faire l'objet des recherches des Experts, & ils

ils n'y avoient trouvé depuis le commencement jusqu'à la fin, qu'une frigidité complete, c'est-à-dire, une privation absolue de la faculté motrice: car c'est-là le vrai caractère de la frigidité: temoin la définition latine: *frigidus is censetur qui licet habeat membrum, habet tamen inutile ad copulam, quia inerigibile.*

Je ne veux que cette définition pour montrer que nos Experts n'auroient pû sans perdre la raison, se déterminer en faveur de la configuration de M. Chanterel, accusé de frigidité. En effet, l'homme froid est figuré *habet membrum*, mais c'est inutilement qu'il est figuré, *habet membrum sed inutile ad copulam.* Et pourquoi cette figure ne lui sert-elle à rien? *quia inerigibilis*; elle ne sert à rien, parcequ'elle ne peut se tenir droite, parcequ'elle est comme morte, parcequ'elle dort la tête en-bas, elle dort d'un sommeil de fer, *olli dura quies nervos afferreus urget somnus*; c'est-à-dire, qu'elle manque de ce principe moteur, qui en fait la vie.

Or n'est-ce pas sur ce fondement, que nos Experts ont réprouvé la configuration de M. Chanterel? les premiers, c'est-à-dire, ceux qu'il avoit lui-même nom-

nommés, n'ont-ils pas dit, que la raison pour laquelle ils s'en défioient, étoit qu'ils la trouvoient endormie? mais parceque, disent-ils, ces *conditions ne suffisent pas pour juger de la consommation du mariage sans le mouvement* & le reste, *dont il ne nous a rien paru dans la personne de M. Chanterel, &c.* Voilà leur principe, & quant aux deux autres que j'avois nommés, ne raisonnent-ils pas de même, après avoir dit comme les premiers, que *ces conditions ne suffisent pas*, c'est-à-dire que la configuration est insuffisante *pour établir la virilité & puissance de M. Chanterel*, n'ajoutent-ils pas, que *pour connoître s'il est capable de remplir les devoirs* de son état, *il faut qu'il paroisse en lui des marques de mouvement*? Cette proposition fondamentale n'est-elle pas appuiée sur la définition, de la frigidité, telle que je viens de la rapporter? & cela étant peut-elle être combattue?

Disons plus, il paroît par cette définition, que la frigidité n'est autre chose qu'une configuration, naturellement & habituellement froide. Or ce principe supposé, y auroit-il extravagance comparable à celle des Experts, s'ils avoient raisonné ainsi? Nous sçavons que la frigidité eſt une configuration condamnée à une perpétuelle froideur. Or nous trouvons ici une configuration : donc nous ne pouvons y trouver de la froideur. Ce raiſonnement ne ſeroit-il pas ſemblable à celui-ci ? Nous ſçavons que la paraliſie eſt un engourdiſſement des membres. Or nous trouvons ici des membres : donc il eſt impoſſible que nous y trouvions aucune paraliſie. Ce principe après cela, que la configuration ſuffit, eſt un principe inventé pour la cauſe de M. Chanterel ; car voilà ce qu'il y a de beau dans ſa défenſe : rien n'eſt emprunté d'autrui ; tout y eſt trouvé à la pointe de l'eſprit.

En effet, tous ceux qui ont traité de l'impuiſſance, Médecins & autres, ſont convenus de ce principe ; que l'on ne pouvoit aſſeoir un Jugement favorable au mari ſur une configuration trouvée dans un état de léthargie, & qu'au contraire, cette léthargie étoit le ſigne caractériſtique de l'impuiſſance ; que la plus excellente conformation pouvoit être enſevelie dans un ſommeil de mort, & que l'on n'en pouvoit rien conclure ſi elle ne paroiſſoit animée : on trouve que dans tous les tems les Experts ne ſe ſont point fiés

fiés au ſimulacre de l'homme, mais qu'ils ont piqué ce ſimulacre, pour connoître s'il étoit capable de ſentiment.

Mais, M. Chanterel croit triompher en faiſant voir par ſix exemples, par ſix différents rapports d'Experts qu'il a mandiés je ne ſçais où, que pluſieurs maris ont été jugés capables des devoirs de leur état, ſur la ſeule foi de leur configuration.

Je pourrois lui répondre d'abord, que puiſque les Experts ſondent la virilité par une épreuve qu'ils n'écrivent pas; ce que ſes ſix Rapports peuvent prouver, n'eſt pas que ces ſix maris ayent paſſé maîtres ſans épreuve. Toute la conſéquence qu'on en peut tirer eſt qu'ils ſont ſortis avec honneur des épreuves où ils ont été mis.

Examinons un peu ces Rapports, & voyons s'il ne ſeroit pas poſſible de lui faire perdre le fruit de cette belle découverte.

Le premier de ces ſix Rapports qu'il allegue, eſt dans le cas d'une frigidité très-imparfaite. Tout le monde ſçait qu'on diſtingue trois dégrés dans l'opération de l'homme. Comme les termes dont on ſe ſert pour exprimer ces trois dégrés, ſe ſont ſalis par le long uſage qui en a été fait, je ſubſtiturai en leur pla-

 ce

ce ceux de *mouvement*, *pénétration* & *expulsion*. La femme donc dans cette espèce particuliere, accordoit au mari les deux premiers dégrés: elle ne lui contestoit que le troisiéme. Or cela étant, je demande à quels propos les Experts auroient pû exiger de ce mari, des Actes de la faculté motrice, tandis que la femme confessoit de les avoir éprouvez, & que tout ce qu'elle prétendoit qui manquât à ce mari, se réduisoit à une faculté secrete, que l'on ne peut sans crime, rendre sensible par ses effets.

J'ajoute que dans cette cause, la femme reconnoissoit que les marques de sa virginité ne subsistoient plus, soit parceque l'opération du mari en avoit emporté une partie, soit parceque ce mari lui avoit enlevé le reste par une voie indirecte; enfin les deux Interrogatoires prouvoient plûtôt une impuissance de maléfice qu'une véritable impuissance; & par ces mots, impuissance de maléfice, j'entens celle que cause une certaine aversion capricieuse qui se met quelquefois entre deux Epoux, & qui les rend insuportables l'un à l'autre. Car il est rare qu'il y ait d'autre malèfice. Dans ces circonstances on ordonna une cohabitation

tion de deux ans, & avec quelque apparence de raiſon, outre que la cohabitation de deux ans n'eſt bonne que dans le cas du maléfice, il importoit peu de remettre entre les mains du mari, une femme qui ne ſe piquoit plus de virginité. Quand les titres de la virginité ſont entiers, ce ſeroit les faire paſſer dans les mains de l'ennemi, que de confier la femme au mari; mais quand ils ſont effacés, il n'y a plus rien à ménager, & toute la malice du mari ne peut ôter à la femme ce qu'elle a une fois perdu.

Le ſecond Rapport eſt dans le cas d'une veuve remariée, qui accuſoit ſon ſecond mari d'impuiſſance; mais ſans pouvoir déterminer le genre d'impuiſſance qu'elle lui imputoit: tout ce qu'on put arracher d'elle lors de l'Interrogatoire, fut que les operations du ſecond mari n'étoient pas ſemblables à celles du premier. Dans ces circonſtances les Experts qui virent le mari bien organiſé à quelques légers défauts près, jugerent qu'il n'étoit impuiſſant que par comparaiſon, & que tout ſon crime conſiſtoit à n'être pas auſſi vigoureux que ſon prédéceſſeur. Ainſi ils ſe déterminerent pour lui & leur avis fut ſuivi.

Le troisiéme exemple est dans le cas d'un mari accusé d'impuissance après un mois de mariage ; les Experts trouverent en lui une excellente conformation, & de tout le corps en général, & en particulier des Parties internes destinées à la consommation du mariage. Comment auroient-ils pû juger de la bonne disposition des Parties internes, si l'excellence de l'intérieur ne s'étoit produite au dehors par des marques sensibles ? & quelles pouvoient être ces marques, si ce n'est celles qui n'ont point paru en M. Chanterel lorsqu'il a été visité.

Le quatriéme exemple, est dans le cas d'un mari qui ne manquoit point de mouvement, mais dont le vice consistoit dans une précipitation trop prompte, qui faisoit que le germe de fécondité s'envoloit avant le temps. Les Experts qui le visitent, le trouvant bien conditionné en toutes choses, jugent que ce vice dont ils semblent même douter, ne forme point une impuissance radicale & incurable. Ils prétendent qu'une telle imperfection n'est point insurmontable aux secours de la Médecine : sur ce fondement ils le déclarent mari. Y a-t-il quelque rapport entre cette espèce & la nôtre ?

Le

Le cinquiéme exemple, eſt dans le cas d'une accuſation colluſoire d'impuiſſance précédée de ſept ans de mariage. La femme ſoutenoit en général que le mari étoit impuiſſant, ſans déterminer aucun genre d'impuiſſance, & le mari ſur tous les Articles de l'Interrogatoire répondoit, *cela eſt vrai*, *cela eſt vrai.* Cependant lorſque les Experts l'examinerent, ils lui trouverent une conſtitution ſi robuſte & une conformation ſi excellente, qu'ils déclarerent en termes très affirmatifs, que le ſoupçon d'impuiſſance ne pouvoit même tomber en lui. Si ce jugement avoit été uniquement fondé ſur la conformation du mari, M. Chanterel ne pourroit cependant en tirer aucun avantage, parcequ'il y a conformation, & conformation, & qu'on pourroit dire que, ſi la ſienne n'a point entraîné les Experts en ſa faveur, c'eſt parcequ'elle ne s'eſt pas trouvée comme celle de ce Particulier, ſupérieure à tout ſoupçon.

Enfin le ſixiéme & dernier exemple, eſt dans un cas encore plus ſingulier que tous les autres. Un mari devenu pere, perd ſa femme, & paſſe à un ſecond mariage. Après pluſieurs mois de cohabitabitation avec cette ſeconde femme, il ſe met à voyager ſur Mer. Pendant ſon abſence, cette ſeconde femme ſe marie avec un autre; & à ſon retour, il eſt accueilli d'une accuſation d'impuiſſance, qu'il repouſſe en diſant, j'ai eu un enfant de mon premier mariage; mais la femme inſiſte & ſoutient, que la naiſſance de cet enfant n'étoit due qu'à la débauche de ſa mere. Voilà l'état de cette conteſtation dans laquelle il eſt viſible, que les Experts ne pouvoient raiſonnablement douter des facultés de celui qui avoit été pere.

Qui n'admireroit après cela la confiance avec laquelle M. Chanterel veut faire paſſer ces ſix Rapports d'Experts pour autant de preuves de ſon faux principe, que la ſeule configuration eſt un titre pour être mari? Mais pour combattre de toutes manieres ſon paradoxe, je veux bien ſuppoſer pour un moment avec lui, & que la configuration eſt une preuve de virilité, & qu'il n'eſt pas même permis de faire du bruit autour d'elle, pour connoître de quel ſommeil elle dort. Je dis qu'en adoptant ces principes, on ne pourroit déférer à la figure que lorſque toute autre preuve manqueroit,

roit, comme elle manquoit en effet dans le cas de ces ſix rapports; car en aucun la femme ne ſe prétendoit vierge, en aucun elle ne s'offroit à la viſite, & dans la plûpart le mari confeſſoit de n'avoir point conſommé; ce qui rendoit la viſite de la femme indifférente & inutile.

Mais, de ce que dans ces circonſtances il auroit fallu par néceſſité, & faute d'autres preuves, s'en rapporter à la configuration du mari, s'enſuit-il qu'il en doive être de même dans une cauſe pareille à la nôtre, où la femme prétend trouver en ſa perſonne de quoi convaincre le mari de frigidité? Certes je trouve bon que dans une grande ſtérilité de preuves, on ſe contente de celles que l'occaſion fournit; mais que dans un cas où la diſpoſition de l'affaire en fournit pluſieurs, on rejette celle qui eſt la plus certaine pour ſe tenir à la plus douteuſe, c'eſt ce que je ne peux comprendre. On ne peut nier que la preuve réſultante de la configuration du mari ne ſoit la plus trompeuſe de toutes les preuves, & on ne peut nier d'un autre côté, que ſi la femme peut prouver ſa virginité, cette preuve ne doive l'emporter ſur la configuration de l'homme: ſi donc on s'étoit réduit à la con-

configuration dans des cas où la configuration seule pouvoit être consultée, il ne s'ensuivroit pas que l'on fût obligé de s'y réduire lorsque la virginité de la femme peut fournir des lumières plus parfaites: & par cette seule considération, tomberoit la conséquence, que Mr. Chanterel tire de ses six rapports.

Cette réflexion me donne lieu d'en faire une autre, par laquelle j'entre dans l'examen, non plus de ce que la configuration peut en général donner d'avantage à un mari accusé d'impuissance; mais des argumens que Mr. Chanterel peut en particulier tirer de la sienne, pour les appliquer à sa cause.

Pour en juger, il faut considerer qu'entre lui & moi, il ne s'agit pas quant à présent, de sçavoir s'il est puissant; mais de sçavoir s'il m'empêchera de prouver qu'il est impuissant. Car voilà où se réduit toute la question. J'ai une preuve en moi-même de son impuissance, j'offre de la rapporter, & il l'empêche.

Or il me semble, que pour s'opposer à une preuve, il faut avoir pour soi, ou une démonstration physique, ou une de ces présomptions dont l'efficace est telle, qu'il n'est pas permis d'entreprendre la preuve opposée. Or,

Or, que Mr. Chanterel nous dise, si sa configuration est une démonstration physique de sa puissance, je suis assurée qu'il n'osera pas outrer la confiance jusque-là. Que s'il se réduit à en faire une présomption, je lui demanderai en quel endroit il est écrit, que celui-là est homme qui porte devant lui une configuration telle quelle: *vir is est quem figura demonstrat*.

Cela montre que la seule conséquence que lui peut fournir sa configuration est une présomption vague & générale; de sorte qu'il doit ainsi concevoir son raisonnement. Communément les hommes figurés sont hommes parfaits. Or je suis figuré: donc je dois être présumé homme parfait. Mais comme cette présomption n'est fondée que sur ce qui arrive communément, aussi n'a-t-elle de force qu'autant qu'elle n'est point combattue par une preuve contraire & particuliere au sujet, c'est-à-dire qu'elle ne milite que dans le doute.

Puisque donc la configuration ne peut fournir au mari accusé d'impuissance, qu'une présomption vague & générale pareille à celle qui fait présumer de la raison dans chaque homme, jusqu'à ce qu'on qu'on prouve le contraire, je dis que la configuration de Mr. Chanterel quelle qu'elle ſoit, ne me peut ôter la liberté de prouver qu'il eſt impuiſſant: je dis qu'auſſitôt que j'offre cette preuve, ſa configuration s'en va, & ne peut pas plus ſervir à ſa cauſe qu'elle a ſervi à la conſommation de notre mariage. La raiſon eſt, que la queſtion conſiſte à ſçavoir, s'il m'empêchera de prouver l'impuiſſance: & bien loin qu'il puiſſe m'interdire cette preuve, je n'ai pas plûtôt offert de la rapporter, qu'il n'a plus ni configuration, ni préſomption pour lui.

Je ſçai bien qu'il me dira, que la preuve que j'offre eſt infame, injurieuſe au mari, inutile, incertaine, &c. mais ce n'eſt pas maintenant de quoi il s'agit. Quand il en ſera tems je ferai voir, que ce genre de preuve eſt également favorable à la pudeur, favorable à l'éclairciſſement de la vérité; & en attendant que ces propoſitions ſoient démontrées, je peux par avance raiſonner conditionnellement comme ſi elles l'étoient déjà. Or dans cette ſuppoſition, comment M. Chanterel peut-il avec ſa préſomption, qui n'eſt qu'un lieu commun, fort vague, étouffer ma preuve particuliere?

Je

Je vais plus loin & je lui dis, que sa présomption même n'est plus présomption, depuis les Rapports de nos Experts. Avant ces Rapports on pouvoit regarder sa configuration comme des apparences de virilité; mais à peine ces apparences ont été condamnées & réprouvées par les Experts sur l'examen particulier qu'ils ont fait de sa personne qu'elles n'ont plus même conservé la force ou le privilège d'apparence. Elles pouvoient autrefois passer pour un masque: mais à present le masque est tombé: elles ne sont plus rien; & cependant avec ce rien, Mr. Chanterel croit pouvoir s'opposer à une preuve.

Ce qu'il y a de plus étonnant est, que lui qui distingue trois classes d'impuissans, les convaincus, les présumés, les soupçonnés, & qui se donne la gloire d'avoir inventé cette derniere pour s'y placer, convient par conséquent qu'il est du moins, impuissant soupçonné: & cependant il ne veut pas souffrir, que ce soupçon soit éclairci, comme si dans une question de cette importance, il étoit permis de laisser subsister le moindre doute.

Mais pourquoi parler de doutes: Mr. Chanterel, ne trahit-il pas par ses allures, ce secret qu'il veut tant nous cacher? Et pour le montrer, j'interroge ici tous les maris; j'interroge tous ceux en qui la nature ne s'eſt point démentie, c'eſt-à-dire, le monde entier, hors les impuiſſans. Je dis à chacun de ces maris, à chacun de ces hommes parfaits : voilà deux Rapports d'Experts qui s'accordent à ne vous donner qu'une ſimple configuration, mais très ſuſpecte, & ſi ſuſpecte, qu'ils nous font douter, ſi vous êtes homme, & s'il ne faut point vous démarier. Ces Experts marquent en même tems la cauſe de leur ſuſpicion : ils la fondent ſur l'extinction de tout mouvement qu'ils ont remarquée en vous. Quel ſera ſur cela le parti que vous prendrés ? Voilà la queſtion que je leur fais. Qu'on ſe mette maintenant en leur place pour répondre? qu'on ſe conſulte ſoi-même? & qu'on voye, ſi on ne s'écrieroit pas ? Quoi! ces Experts veulent faire péricliter mon honneur, mon état & ma fortune? ils veulent, dis-je, mettre tout cela en danger, ſur ce qu'ils me ſoupçonnent privé d'une faculté dont je ne ſuis que trop pourvu, dont je voudrois quelquefois être plus mal partagé que je ne ſuis, & dont les accès me ſont bien ſouvent à charge. Bon Dieu! s'ils doutent que cette puiſſance ſoit en moi,

je

je les aurai bientôt détrompés. Qu'ils ſe rendent auprès de moi une matinée ou deux, je n'aurai pas de peine à leur faire voir ce que je ſuis?

Je crois que tous ces maris, que tous ces hommes parfaits, ne déſavoueront pas la réponſe que je leur mets dans la bouche. Je crois qu'on conviendra même, que c'eſt le langage qu'ils doivent parler. D'où vient donc que Mr. Chanterel tient un langage ſi contraire? D'où vient qu'au lieu de juſtifier ſa configuration par des preuves ſenſibles & oculaires de ſa valeur intérieure, il nous donne pour toute juſtification de mauvais raiſonnemens? Certes il ne faut pas être bien fin, pour voir que ce qui l'oblige à prendre ce parti, eſt que les mauvais raiſonnemens ne coutent rien, tandis que le reſte eſt hors de la portée d'un impuiſſant. C'eſt donc là où l'impuiſſance ſe démaſque : c'eſt à ce caractère que je la connois; c'eſt à de telles allures qu'elle ſe découvre elle-même.

Mais ne ſe trahit-elle pas encore davantage, lorſqu'elle refuſe aux Experts l'éclairciſſement qu'ils demandent & qu'ils eſperent de trouver dans ma perſonne. Reprenons ici l'image que nous venons

 de

de laiſſer : interrogeons pour la ſeconde fois ces maris & ces hommes parfaits : demandons leur, ſi dans ces circonſtances où eſt Mr. Chanterel, ils ſe piqueroient de délicateſſe, & s'ils croiroient comme lui, qu'une femme fût tellement profanée par un examen de Matrones, qu'elle en devînt indigne de leurs embraſſemens ? Il me ſemble que je les entens s'écrier : *Quelle ſoit livrée, cette femme, à tous les Experts du monde, que toute la Médecine, que toute la Chirurgie épuiſe ſes ſpéculations ſur elle, je ne crains pas qu'elle ſoit trouvée en un autre état que celui où doit être une femme mariée après ſix mois de cohabitation conjugale.* Voila ce me ſemble comme ils parleroient. Puiſque donc Mr. Chanterel ne parle pas comme les autres : je tiens pour ſûr qu'il eſt tombé en paraliſie. Et pourquoi ne le croirai-je pas paralitique, après ce que j'ai lû dans un certain Auteur appellé Zachias ? Cet Auteur diſcourant ſur les cauſes de l'impuiſſance nous apprend, que l'organiſation de l'homme, tombe quelquefois en paraliſie ; que pour lors il n'y a plus de reſſource, ni d'eſperance : que tout eſt perdu : qu'autant vaudroit que le ſimulacre fût enterré ; & cela non ſeulement lorſque ce

mal

mal saisit les gens qui sont sur le déclin de l'âge, mais encore lorsqu'il s'attaque aux jeunes gens: alors, dit mon Auteur, la nature perd l'habitude de faire couler les esprits vers ces parties affligées; & delà arrive, que ces esprits en quittent si bien la route, qu'ils ne la reprennent jamais. C'est aussi sans doute la raison pour laquelle cet Auteur grave le grand Petrone met ces mots dans la bouche d'une Dame mécontente de son favori, *paralysin cave* : va malheureux, tu vas tomber en paralisie.

Il faut bien en effet, que le mal de Mr. Chanterel soit une paralisie; car le moyen sans cela de concevoir, que dans la pointe de l'âge, il se trouve en un état où la parfaite décrépitude ne conduit qu'à peine: il est vrai qu'il se plaint que ses feux se trouverent étouffés le jour de la visite des Experts par une tourte d'anguilles dont il avoit mangé la veille. Mais qui a jamais ouï dire, qu'une tourte d'anguilles fût un charme qui arrêtât l'effervescence de la nature? Et qui a jamais ouï parler d'un mari, qui demande trois jours pour étudier la grande & difficile question, s'il a consommé son mariage? & qui au bout de ce tems vous tient un lan-

langage de perroquet en vous disant : *oui, oui, j'ai consommé, j'ai consommé*? Après cela, il n'y a personne qui ne voye très clairement, qu'il n'y a jamais eu d'autre tourte d'anguilles que la parfaite paralisie.

Mr. Chanterel me reproche l'art qui regne, à ce qu'il prétend dans la composition de mes faits, & que la peinture que j'ai tracée de sa frigidité, n'est artificieuse que parce qu'elle est naturelle : & moi je lui dis qu'elle n'est naturelle que parce qu'elle est véritable, & qu'elle n'est véritable que parce qu'elle à été prise sur un excellent original ; & que le portrait que j'ai fait de son impuissance est si naïf, qu'il auroit fallu être démon pour le faire d'imagination.

Voilà maintenant ce grand argument tiré de la configuration, détruit & confondu de toutes manières, détruit dans la thèse générale, détruit dans l'hypothèse particuliere de la cause. La prétention de Mr. Chanterel est donc également contraire aux principes de la Physique & de la raison : elle est contraire à l'expérience ; elle est nouvelle & inouïe : c'est la premiére fois qu'elle paroît : j'espere aussi que ce sera la derniere ; car les conséquences en seroient trop étranges : ce seroit

roit juger qu'il n'y a plus d'impuiſſans par frigidité, ou du moins que la frigidité échappe à toutes les recherches des hommes; ce qui ſeroit renverſer l'ordre de la Société.

Il faut preſentement faire voir que la ſimple conformation ne décidant rien, ſuivant la propre déciſion de nos Experts, il ne reſte pour éclaircir la vérité, qu'une ſeule voye, qui eſt de vérifier par une viſite & un rapport de Sages-Femmes, ſi je ſuis encore vierge, comme je le prétens; & ſur cela je n'ai que deux mots à dire.

Lorſque l'impuiſſance peut ſe découvrir par la perſonne du mari, on en demeure-là. Lorſque la perſonne du mari ne laiſſe que des doutes, & lorſque les Experts ne décident rien, comme dans notre eſpece, on en vient à la viſite de la femme, parceque la viſite de la femme décide toûjours; & qu'il n'y a point de plus fort argument que celui que propoſe la femme lorſqu'elle dit au mari: *Vous ne m'avez épouſée que pour me faire paſſer de l'état de vierge à l'état de femme : cependant après une longue cohabitation, après bien des efforts & des tentatives, vous m'avez laiſſée*

 dans

dans le même état où vous m'avez trouvée. Vous êtes donc impuissant.

On a pu remarquer que le raisonnement uniforme des quatre Experts conduit directement à la visite que je souhaite. Par tout même principe fondamental, qui est l'impossibilité de juger avec certitude de la personne du mari par sa personne même. Et par une suite infaillible, par tout, même conséquence, qui est la nécessité de chercher dans la personne de la femme l'éclaircissement des doutes que laisse l'examen du mari. Deux de nos Experts ont tiré ouvertement cette conséquence; deux autres l'ont laissée à tirer: c'est toute la différence qui se remarque entr'eux, mais qui n'est que dans les termes; car dans le fond il est impossible que les mêmes principes produisent des conséquences contraires. Ainsi lorsque les seconds Experts ont développé la conséquence, ils n'ont été que les interpretes des premiers, qui ont jugé à-propos de la laisser enveloppée. Ils ont tous formellement déclaré que la personne de Mr. Chanterel étoit une enigme dans laquelle ils ne pouvoient rien comprendre, & qu'ainsi il falloit chercher ailleurs, l'explication de l'enigme. Or il il eſt certain que dans ces matieres, le mari ne peut être un chiffre, que la femme ne porte en elle-même la clef du chiffre. Donc ceux qui ont préſenté cette clef, & ceux qui ont dit la clef n'eſt point dans le mari, ont dit la même choſe : par conſéquent, rebuter la clef que les uns ont preſentée & que les autres ont tacitement indiquée, ce feroit dire: nous ne voulons ni ouvrir ni entrer.

Par-là je juſtifie ces mêmes Experts de la calomnie dont on pourroit les flétrir en leur imputant d'avoir exigé de Mr. Chanterel une épreuve digne des foudres du Ciel: une épreuve qui n'eſt autre que le déteſtable péché d'Onan. Non, nos Experts ne ſont point coupables de cet excès. Ils n'ont point dit à Mr. Chanterel, voyons ſi la nature qui vous a refuſé le mouvement, vous a auſſi envié le reſte. Ils n'avoient garde même de lui parler ainſi, dès qu'ils le trouvoient inanimé. Car cette ſeconde faculté dont le ſeul nom fait horreur, lui auroit été fort inutile ſans la première. Mais pourquoi en ont-ils parlé? ils en ont parlé par forme d'enſeignement. Ils en ont parlé pour faire entendre, que quand même Mr. Chanterel, ne feroit point privé de la fa-

faculté motrice ; cela ne ſeroit en lui que préſomption, & non certitude de virilité. Enfin ils en ont parlé pour dire, que ſi l'on cherchoit la certitude, c'étoit ailleurs qu'il falloit s'adreſſer ; & pour cela dans la vûe de mener à leur but, qui étoit de faire ordonner cette viſite que Mr. Chanterel abhorre comme l'écueil le plus certain de ſa perte.

Puiſque donc le ſentiment uniforme des quatre Experts ſe réduit à faire dépendre la capacité & les talens de Mr. Chanterel, de l'état ou il m'a miſe ; où de celui dans lequel il m'a laiſſée, je ne crois pas qu'on puiſſe faillir en ſuivant leur avis. Je crois même que ce ſeroit trop riſquer que de ne le pas ſuivre : & s'il m'étoit permis de dire ce que je penſe, voici ce me ſemble comme je raiſonnerois, ſi j'étois juge de cette affaire. Ce n'eſt point ici, dirois-je, une affaire de droit : c'eſt une queſtion de fait & de fait abſolument impénétrable à mes lumières : il faut donc que je m'en rapporte à celles des Experts. Si ces Experts avoient mal raiſonné : s'ils étoient tombés dans quelque contradiction : s'ils avoient poſé des principes dont la fauſſeté fût évidente au ſens commun : ou ſi après avoir établi de bons

prin-

principes, ils en avoient tiré des conséquences qui ne seroient pas renfermées dans les principes mêmes, mon devoir seroit d'ordonner une nouvelle visite. Mais je ne trouve rien ici que de juste dans le raisonnement des Experts. Leurs principes sont incontestables: les conséquences qu'ils tirent ou qu'ils laissent à tirer, sont visiblement liées avec ces mêmes principes. Pourquoi m'éloignerois-je de leur sentiment? Si je m'attache à eux me voilà hors de scrupule en cas que j'erre, l'erreur ne sera pas la mienne, ce sera l'erreur d'autrui. L'erreur n'est jamais dans celui qui ne fait que suivre: elle est toujours dans celui qui conduit. Ainsi qu'ai-je à craindre en suivant? & que n'ai-je point à craindre en ne suivant pas? Si je veux me rendre mon propre conducteur, je marche sans guides & sans lumieres au milieu de deux précipices affreux? Je séparerai peut-être ce que Dieu a unis, ou je laisserai unis ceux dont il abhorre la conjonction. Non je ne veux point me rendre responsable des fruits d'un égarement si funeste. Ainsi je m'en tiens aux Experts. Voilà le principe que j'embrasserois.

Puisque donc nos Experts conduisent également à la visite que je propose, où peut être la difficulté? Est-ce parce que

Mr.

Mr. Chanterel dit que ſes exploits amoureux ſont innombrables, mais pourquoi vouloir empêcher que tous ces glorieux trophées ne ſoient mis au jour? Et n'a-t-il pas une eſpèce de vertige à s'y oppoſer avec tant de chaleur? Mais dira-t-on cette viſite offenſe la pudeur, & on n'en peut tirer que des conſéquences également inutiles & incertaines. C'eſt à quoi il faut que je réponde.

Et d'abord pour ce qui regarde la pudeur, je me contente de dire qu'elle a perpétuellement ſervi de voile à l'impuiſſance; il y a ſi long-temps que les impuiſſans s'en ſervent, que c'eſt un voile tout uſé: on voit le jour au travers. J'ajoute une ſeconde conſidération, qui eſt que la pudeur de la femme d'un impuiſſant, eſt une Princeſſe captive qui gémit ſous la tyrannie, & qui eſt encore trop heureuſe de ſe racheter par une rançon. Pour troiſiéme conſidération, je me ſers de ce raiſonnement. Si l'on fait ceder avec tant de facilité la pudeur aux beſoins de la ſanté, pourquoi ſe fera-t-on un ſcrupule de la ſacrifier à la dignité d'un grand Sacrement, toujours profané par un impuiſſant? Ignore-t-on à quelles épreuves eſt expoſée la pudeur d'une femme liée à un faux mari? Ne ſçait-on pas les cruels

aſſauts,

aſſauts, qu'elle a à ſoutenir, & combien il eſt difficile que l'image du mari deſtitué de toute réalité, n'allume en elle ce feu noir, qui ne brûle que pour ſouiller? Que dirai-je du peril que court ſa pudicité, & des allarmes continuelles où elle eſt pour ſa vie? Perſonne n'ignore à quels excès la fureur de l'impuiſſant eſt capable de le porter, lorſqu'il ſent que la nature ſe ſouſtrait à ſes efforts ; on ſçait auſſi par l'exemple d'un Roi de Caſtille, que ces hommes imparfaits, cherchent à laver leur honte dans le crime d'autrui : qu'ils achetent l'honneur de paſſer pour pere aux dépens de l'honneur de la couche nuptiale, & qu'ils ſe rendent les ſéducteurs de celles dont ils ne peuvent ſe rendre maris. Ce Roi de Caſtille n'eſt pas le ſeul qui ſe ſoit rendu coupable de cette infâme politique; beaucoup de ſes ſemblables l'ont imité. Comment au milieu de ces vérités pourroit-on regarder les plaintes d'impuiſſance, comme des effets de la corruption des mœurs?

Enfin pour quatriéme & dernière raiſon, je dis que s'il s'agiſſoit entre nous d'une queſtion de mœurs: ſi nous cherchions ce qui eſt le plus convenable à la bienſéance, à l'honnêteté, à la modeſtie-tous

tous ces grands lieux communs de morale que Mr. Chanterel étale, pourroient être de saison; mais notre objet n'est pas de trouver ce qui s'accorde le mieux avec la bienséance. C'est de trouver ce qui mène le mieux à la vérité. Quand il faudra faire une Controverse dans le goût de celles de Seneque, une déclamation semblable à celles de Quintilien, à la bonne heure, ou pourra prêcher la pudeur tant qu'on voudra, mais dans une question où la pudeur, cede toujours à la vérité: tout ce grand étalage de sentences dorées, ne sera bon qu'à étourdir le peuple, & il n'y aura jamais qu'un mot qui serve. Or vouloir avec de la morale, empêcher qu'on ne se transporte sur les lieux, c'est précisément dire, l'état des lieux n'est par pour moi.

Tout ce fatras retranché, il ne reste qu'à voir, si la preuve que je demande est admise par l'usage.

On m'oppose donc d'abord le sentiment de quelques Médecins, qui se sont imaginés que la virginité échapoit à la curiosité des hommes & que c'est un état qui ne se rend connoissable par aucune marque certaine; ce que l'on prétend confirmer par un passage de Salomon. Mais

pour

pour Salomon, nous pouvons le mettre à l'écart puiſque la lecture du paſſage qu'on cite de lui eſt conteſtée. La vulgate ne compare point la femme à un chemin pierreux ſur lequel on peut marcher ſans impreſſion de veſtiges. Il dit ſeulement que comme il eſt impoſſible de marquer la route qu'à ſuivie un Vaiſſeau battu de la tempête, de même il eſt impoſſible de ſuivre pas à pas les égaremens d'une jeuneſſe inſenſée qui s'eſt laiſſée emporter à ſes paſſions.

Quant aux Médecins j'ignore s'il y en a eu qui ait pretendu que les traces d'un homme ſe perdent comme celles d'un oiſeau qui s'éleve dans les airs. Je ſçai au contraire qu'il y en a qui ſoutiennent que la virginité ſe fait connoître à des marques indubitables; mais j'ai honte d'avoir recours à ces doctrines étrangeres. Nous ne ſommes point ici dans une Ecole de Médecine; nous n'avons point à ſoutenir des Thèſes de Chirurgie. Ainſi je me réduis à interroger Mr. Chanterel, & à lui demander, s'il prétend être le premier impuiſſant qui ait ſoutenu que la virginité ne ſe peut connoître. S'il veut me répondre vrai, il m'avouera que mille autres, & pour parler encore plus juſte, que

que tous ceux qui ont paſſé devant lui, ſe ſont ſervi de la même propoſition. Cependant en ont-ils été plus heureux? Nullement, aucun d'eux n'a réuſſi à perſuader ce faux principe. On a eu beau appeller la Rhétorique à ſon ſecours: on a eu beau le parer, le renforcer, il n'a jamais été regardé que comme une opinion fantaſtique née de la contradiction de l'Ecole, & incapable de changer un uſage auſſi ancien que le mariage. Je peux donc dire à Mr. Chanterel, vous vous ſervez d'une raiſon mille fois preſcrite, d'un argument condamné & rejetté autant de fois qu'il a paru, & d'une Doctrine également réprouvée par l'uſage de tous les ſiécles, & par l'autorité des choſes jugées dans ces derniers tems.

Enfin je m'en rapporte à tous les Médecins, à tous les Chirurgiens verſés dans la pratique; à toutes les Matrones, & Sages-Femmes, à tous ceux qui ont l'expérience pour maître, s'il n'eſt pas vrai que l'état de vierge ſe diſtingue par des marques qui lui ſont propres. Les faiſeurs de Livres peuvent penſer le contraire, parce qu'ils ne voyent jamais que du papier; mais ceux qui voyent autre choſe ſe moquent des faiſeurs de Livres.

Après

Après cela Mr. Chanterel a beau presser son objection, il a beau dire, que quand même la nature auroit mis quelque distinction sensible entre les vierges & les autres femmes, cela n'empêcheroit pas, que l'art ne pût faire de fausses vierges. Il y a, dit-il, des prestiges qui se pratiquent: il y a des virginités comme des couleurs de visages, qui se vendent chez les Marchands; & il ajoute que j'en fais un continuel usage.

Mais s'il connoissoit tant soit peu les principes de l'Anatomie, il sçauroit que la virginité ne se découvre qu'à de certains ligamens qu'aucun art ne peut rétablir lorsqu'une fois ils sont détruits: il sauroit encore que la virginité vénale ne change que la surface; & que pour peu que l'on pénétre au-delà on voit tout d'un coup si elle a été achetée à prix d'argent. J'ajoute qu'il y a des compositions qui font tomber le masque. En quoi je ne dis rien que je n'aye appris de plusieurs maîtres de l'art, & il y a grande apparence qu'ils ne m'ont point trompée: car sans cela il faudroit que le monde eût été pendant des siécles entiers, la dupe d'une expérience trompeuse; ce que j'estime impossible.

Mais dit encore Mr. Chanterel, (& voici une seconde objection) quelle apparence de soumettre une femme aux curieuses recherches des Experts, lorsque le mari n'y consent pas? c'est aussi ce qui ne s'est jamais fait que quand le mari y a donné les mains: à cela je répons, que cette Loi qui fait dépendre l'éclaircissement du fait de virginité de la volonté du mari accusé d'impuissance, est une loi faite par quelque impuissant, & il y a grande apparence, que c'est à M. Chanterel qu'on en est redevable, car je ne la trouve nulle part.

Je dis plus, cette Loi, si elle se lisoit dans quelque code, mériteroit la dérision publique; outre qu'il seroit impertinent de soûmettre l'admissibilité d'une preuve au bon plaisir de celui contre lequel elle est proposée. Il est clair que le mari ne permettroit l'approfondissement du secret que lorsqu'il seroit sûr du succès, & lorsque par des voyes indirectes, il auroit effacé dans la personne de la femme les marques de la virginité. Ainsi l'examen des Experts ne serviroit plus à prouver que la femme est vierge, mais seulement qu'elle n'est pas vierge. Cependant celui qui prouve que sa femme n'est n'eſt pas vierge, ne prouve pas qu'il ſoit capable d'etre mari; car d'autres que lui ont pu ravir la fleur de la virginité; & par ce moyen la viſite ne ſeroit d'uſage que lorſqu'on n'en pourroit rien conclure, tandis qu'il ne ſeroit pas permis, de s'en ſervir dans le ſeul cas où elle pourroit être une preuve.

En effet, il faut prendre garde ici à la différence qu'il y a entre la femme qui dit, *je ſuis vierge* & le mari qui dit, *ma femme n'eſt pas vierge.* Si la femme dit vrai, il y a à parier le centuple contre le ſimple, que le mari eſt impuiſſant, parce qu'il n'y a qu'un impuiſſant qui puiſſe laiſſer ſubſiſter la virginité d'une femme. Mais ſi c'eſt le mari qui dit vrai, la conſéquence qui ſe tire de l'état de la femme, n'a preſque point de force, & il n'y a plus qu'à parier but à but pour la puiſſance du mari. Je ſçais bien que dans le doute, il faut ſuppoſer que c'eſt le mari plutôt qu'un autre, qui a fait éclipſer la virginité. Mais enfin ſi la balance panche pour le mari, il en eſt plûtôt redevable à ce qu'on appelle *favorable interprétation*, qu'à la ſaine & droite raiſon, & dans le vrai, une virginité perdue ne prouve que très-imparfaitement la perfection du mari ; tandis qu'une virginité non perdue, emporte une certitude morale de son imperfection, ou si l'on veut de son impuissance.

Comme donc suivant le nouveau principe de M. Chanterel la virginité ne seroit cherchée que lorsqu'il n'y auroit plus de virginité, tandis qu'on ne pourroit la chercher lorsqu'elle subsisteroit : il s'ensuivroit qu'on n'auroit recours à cette preuve que lorsqu'elle seroit inutile, & sans conséquence, tandis qu'il ne seroit pas permis de s'en servir lorsqu'elle produiroit une conséquence certaine.

Il faut avouer que M. Chanterel est si malheureux en maximes, que pour trouver la saine doctrine, il faut prendre le contre-pié des propositions qu'il avance. Tant s'en faut que la preuve de la virginité dépende du consentement du mari, qu'elle dépend uniquement du consentement de la femme. Jamais la visite ne s'ordonne que l'orsque la femme assûre qu'elle est vierge, & se soûmet à le vérifier. La raison est, que les titres de la virginité sont sujets à plus d'un accident, & comme il n'y a que la femme qui puisse sçavoir, si la sienne s'est sauvée de ces avantures, la regle veut que le juge

juge avant toutes choses, s'assûre par sa bouche de ce qui en est. Il faut qu'il lui demande d'abord en quel état sont ses titres, & ensuite si elle veut bien les représenter : sans cette précaution, la preuve n'auroit pas de force parceque la femme trouvée non vierge imputeroit la perte de sa virginité à quelque malheur, ce qu'elle ne peut faire, lors qu'avant la visite, elle a précisément affirmé l'intégrité de son état.

Voilà donc enfin la frigidité de M. Chanterel qui va paroître au grand jour & se manifester au public par la visite que je demande: car après ce que j'ai dis, quel azile peut-il lui rester? Je lui ai fais voir que la frigidité en général n'est autre chose qu'une configuration naturellement & habituellement froide, & qu'ainsi il étoit impossible de juger sa configuration en particulier exempte de frigidité, par cette seule raison qu'elle étoit configuration.

Je lui ai fais voir que tous les Médecins avoient admis pour principe indubitable, que sa configuration ne conclut rien; jusque-là, qu'aucun d'eux n'avoit présumé que le paradoxe contraire pût être avancé, ni que personne pût jamais donner pour garants de ſa virilité des organes immobiles.

Je lui ai fait voir que dans tous les tems, & ſuivant le témoignage même de ceux qui ont écrit ſur cette matiére, la figure ſans le mouvement, n'avoit jamais paſſé que pour un corps ſans ame :

Je lui ai fait voir, que c'étoit par ce fondement, que ſa configuration avoit été réprouvée par nos Experts.

Je lui ai fait voir qu'après cette réprobation, elle ne pouvoit produire en ſa faveur le moindre dégré de preuve, pas même de préſomption, ſans doute parceque la réprobation des Experts étoit un jugement prononcé ſur ſa perſonne particuliere & que la preuve particuliere ſurmonte toujours les preuves générales qui ne ſont que des préſomptions, & à proprement parler, des lieux communs.

Je lui ai fait voir, qu'en ſuppoſant même qu'il pût faire paſſer ſa configuration pour une préſomption générale, cette préſomption ne pourroit empêcher que je ne fuſſe reçue à prouver le contraire par la viſite que je demande ; & cela, par le même principe que je viens de toucher, qui eſt,

que

que les présomptions générales tombent toujours devant les preuves contraires. Je lui ai fait voir, que si cette preuve coûtoit à la pudeur, il lui en coûteroit infiniment davantage, s'il falloit qu'elle demeurât perpétuellement exposée, aux saillies d'un impuissant, qui sont autant de péchés contre nature.

Je lui ai fait voir, que les marques de la virginité ne sont point idéales & chimériques, qu'elles sont fondées sur les démonstrations les plus certaines de l'Anatomie enseignées par plusieurs Médecins; & que si l'esprit de dispute & de contradiction (qui est précisement le choc d'où se forme la poussiere de l'école) avoit obligé quelques spéculatifs d'imaginer dans l'ombre de leurs cabinets des opinions nouvelles sur ce sujet, il seroit ridicule de condamner toute l'antiquité sur la foy de leurs idées.

Je lui ai encore fait voir qu'il s'étoit fait un faux principe lorsqu'il avoit avancé, que le secret de la virginité ne pouvoit être fondé sans le consentement du mari accusé d'impuissance, que ce principe (comme tous les autres qu'il avoit débités) n'étoit sorti que d'une imagination devenue ingénieuse à force de néceſſité, que pour admettre une telle doctrine, il faudroit avoir perdu la raiſon.

J'ai de même fait voir, que le vice d'organiſation dans la perſonne de la femme, n'eſt pas le ſeul cas où il ſoit d'uſage de la ſoumettre à l'examen des Experts, & qu'elle n'y eſt pas moins ſoumiſe, l'orſqu'il s'agit uniquement de connoître, ſi elle eſt vierge pour juger par-là de la frigidité du mari.

Enfin j'ai fait voir que la conſéquence eſt directe & concluante, *la femme eſt vierge: donc le mari eſt impuiſſant.*

Après cela il ſeroit de l'ordre de donner quelque choſe à ma juſtification: car bien que ma demande ſoit fondée ſur les regles & la juſtice, cela n'arrête pas les faux jugemens, & les téméraires cenſures des gens du monde. Il y a des femmes aſſez vaines pour ſe figurer, que dans une conjoncture ſemblable à celle où je me ſuis trouvée, elles auroient préféré un honorable ſilence à un éclat toujours ſujet à interprétation ; mais ſans examiner ce qu'elles auroient fait, je dis qu'il n'y a que l'irréligion qui puiſſe dans ces occaſions s'engager au ſilence. Je demeure bien d'accord que lorſqu'un

mari

mari confeſſe ſon infirmité, lorſqu'il renonce à la vie conjugale, pour ſe réduire à une amitié fraternelle, la patience de la femme peut mériter le nom de vertu, quoique la pratique de cette vertu ne laiſſe pas d'avoir ſes dangers. Mais ai-je eu à choiſir entre la vie fraternelle & la démarche que j'ai faite ? On en jugeroit bien autrement ſi on ſçavoit que la plus grande ambition de M. Chanterel, eſt de paroître ce qu'il n'eſt pas? Que les perſonnes du monde, que les gens ſans Religion, me blament après cela, c'eſt leur métier, il ne faut pas le trouver étrange : mais ſi cette Religion qu'ils ne connoiſſent pas, leur avoit montré un précipice toujours ouvert, eux-même ſur le bord de ce précipice & toujours prêts à y tomber à moins que de s'élancer continuellement en dehors, ils verroient, qu'il n'y a point de conſtance qui ne ſe laſſe; & que de vouloir éviter le précipice à force d'élancemens, c'eſt entreprendre de voyager à la nage ſur un Océan.

Je n'explique pas les autres raiſons indépendantes de la Religion, qui ne m'ont pas laiſſée à délibérer ſur le parti que j'avois à prendre. Il ſuffit que le Public en ſoit inſtruit, & que le triſte état où j'ai été réduite pendant que j'ai demeuré avec Mr. Chanterel faſſe l'amuſement des aſſemblées de Paris: Contente de la juſtice qu'on me doit ſur ce ſujet, je veux bien tirer le rideau ſur un ſi facheux détail, pour faire connoître par-là à Mr. Chanterel que je reſpecte le mariage juſque dans ſa figure & que j'honore les cendres du feu dont j'ai brulé pour lui; je dis plus dont je brulerois encore, ſi l'ignorance & la ſimplicité du premier âge avoient pû toujours durer; mais par malheur les temps ſont changés & les leçons de la nature ſe font entendre aujourd'hui dès le berceau.

Après tout, M. Chanterel ne peut s'en prendre qu'à ſon malheur; ſon ſort eſt véritablement à plaindre; je le plains peut-être plus que lui-même. Qu'il faſſe taire les cris de la nature & dès aujourd'hui je ſuis prête de me réunir avec lui.

EXER-

EXERCICE *galant dicté par la Demoiselle* CLERON.

Galant: prenez garde à vous;
Portez bien le corps:
Portez la main droite au chapeau:
Campez-vous bien:
Faites la révérence à la Dame:
Tirez-la vers vous:
Joignez la main droite à la ſienne:
Approchez votre bouche de la ſienne.
Baiſez tout d'un coup.
ALTE-LA.
Soupirez, œilladez, ſerrez la main:
Contez vos peines, demandez du ſecours,
Promettez fidélité, jurez comme un diable:
Baiſez la bouche ſans mouvement:
Pamez-vous:
Careſſez la Dame:
Gliſſez la main gauche ſur ſes tétons:
Haut la main:
Levez le mouchoir tout d'un coup:
ALTE-LA.
Embraſſez la Dame
Remettez la main gauche ſur ſes tetons:
Gliſſez le pied droit derriére celui de la Dame:
Gagnez le milieu avec le genou gauche:
Bai-

Baiſez encore les tetons:
Haut la jupe.
Galant apprêtez-vous :
Gagnez le terrain :
Prenez bien vos meſures:
Tirez la baguette tout d'un coup.
Haut la baguette.
Etendez-vous ſur le corps de la Dame:
Baiſez ferme:
Mettez la baguette dans le canon:
Bourrez:
Goutez les plaiſirs avec tranſport:
Tirez
ALTE-LA.
Tirez la baguette hors du canon:
Mettez le dans ſon lieu:
Haut le corps.
Prenez la main droite de la Dame:
Raccommodez ſon mouchoir:
Reprenez votre chapeau:
Baiſez la Dame:
Faites lui compliment:
Retirez - vous:
Chargez:
Bourez.
Recommencez ſi vous pouvez.

LET-

LETTRES

De la Dame CLERON *la Mere pour servir d'éclaircissement à ce qui est dit d'elle à la page* 31. *de l'Histoire de Mademoiselle* FRETILLON *sa fille.*

La Dame Cleron étant parvenue sur le retour s'avisa, pour pouvoir subsister, de prendre le parti de donner à jouer chez elle ; ressource ordinaire de la plûpart des femmes de Paris. Une Maison où l'on joue est une Maison ouverte à tout le monde & plûtôt le receptacle de la mauvaise Compagnie que le rendez-vous de la bonne. C'est ce qui procura à la Dame Cleron la connoissance d'un Abbé, mais d'un de ces Abbés qui sçavent s'adoucir les yeux, montrer leurs dents, rendre leur bouche petite, leurs mains douces, potelées, marcher légérement, rire des épaules, & faire un petit conte agréablement. C'étoit un de ces Galants de profession, qui brodent, qui font des nœuds, qui inventent des modes, qui passent à leur toilette autant de tems qu'une coquette, qui ont tous les assortimens de la la parure inutile, & à quoi il ne manque, pour être mis au Chapitre des femmes, que des Coëffures & des boucles d'oreilles. Cet Abbé né pour le malheur de la Dame Cleron se piqua d'amour pour elle; il prit même un appartement chez elle pour être plus à portée de la servir. Après quelque tems d'un commerce assez tranquille. Notre Abbé voulant retirer ce que sa paillardise lui avoit coûté, s'avisa pour cela de porter plainte contre sa Nymphe au Magistrat de la Police dont il obtint un ordre pour faire enlever la-dite Dame, qui fut conduite dans les prisons du Châtelet, d'où on la tira pour la renvoyer à la Salpêtriere. C'est ce qui donna occasion aux Lettres suivantes.

LETTRE. I.

A M. CELI *Intendant de Paris.*

MONSEIGNEUR.

Comment une malheureuse qui est dans les prisons du Châtelet, & qui sera conduite aujourd'hui ou demain à la Salpêtriere, ôse-t-elle hazarder de vous écrire? Il semble que cet opprobre devroit lui en inter-

interdire & le courage & la confiance. Mais, Monſeigneur, à quelle plus grande extrémité faudroit-il être réduite pour juſtifier ma témérité ? Ne ſont-ce pas les miſeres du genre le plus honteux qui excitent le plus de compaſſion dans une ame comme la vôtre en faveur de ma jeuneſſe & de mon Sexe ? Je ſuis la victime d'un homme difficile à vous peindre, car il maſque toute l'année. Il eſt tantôt court & tantôt long vêtu. Il apprend deux métiers à la fois, & n'en profeſſe qu'un troiſiéme qui eſt celui d'un libertin. Bref c'eſt Mr. l'Abbé P...... apprentif Juriſconſulte (*) & Clerc ; & parce que perſonne en France ne ſçait mieux que lui aſſaiſonner & faire manger un Salmi juſqu'aux os (†), il a prétendu avoir ſur tout autre le droit de diſpoſer de mon goût en ſa faveur excluſivement du reſte des mortels. J'ai prétendu le contraire, & s'étant imaginé avoir des preuves d'une préférence dont il n'étoit pas l'objet, & qui tout au plus feroit mon crime à ſon égard, il a engagé Mr. Herault (§) à m'en punir, comme ſi le Roi
&

(*) Il exercoit une Charge de Juſtice.

(†) Son Pere faiſoit les ragoûts des mênus plaiſirs d'un grand Prince.

(§) Lieutenant de Police.

& l'Etat étoient interressés à venger le Clergé de l'indifférence ou des infidélités de mon Sexe. Ce Mr. l'Abbé aura sans doute chargé son exposé de tous les désordres qui caractérisent une vie publiquement licentieuse ; mais observez ceci, Monseigneur, ce petit homme, qui s'érige en mon directeur, & qui sans la moindre preuve m'accuse d'une vie scandaleuse, ne m'en accuseroit pas, si je la voulois mener avec lui. Mes mœurs ne sont devenues l'objet de sa censure que parce qu'il ne croit pas avoir tout seul le privilège de les corrompre ; il m'a en conséquence sacrifiée à sa jalousie, & son habit court ou long (car je ne sçai pas lequel il a endossé pour en imposer à Mr. Herault) m'a éloignée par un châtiment aussi prompt que peu mérité, des éclaircissemens dont je pourrois me prévaloir dans ma justification. On ne m'a pas donné le tems de balancer un credit qui m'a opprimée sans résistance ; mais j'ai actuellement tout l'ennuyeux & triste loisir de regretter ma liberté, & tout me paroît légitime pour la recouvrer. Peut-être, Monseigneur, ne me jugerés-vous pas digne de votre protection ? Aussi n'est-il point question du tout ici de mon mérire. Il s'agit de votre charité, de votre bonté ; je reclame l'une & l'autre. Cet homme mi-parti de Collet & de Rabat doit être satisfait de son triomphe. Le tems qu'il me feroit rester à la Salpêtriere n'abrégeroit pas celui de mon aversion ; & Mr. Herault n'ayant de motifs de m'y retenir que sa déférence aux exhortations de mon Apôtre, je suis persuadée, Monseigneur, qu'un mot de votre bouche à ce Magistrat, me fera rendre une liberté que je n'ai perdue qu'en voulant éviter un esclavage plus honteux encore que celui dont je vous suplie de me délivrer. Je ne me flatte point qu'à la vûe de mon nom, vous vouliez prendre la peine de vous ressouvenir, Monseigneur, que j'ai l'honneur d'être connue de vous. Le cas où je suis, ne favorise pas la mémoire ; il est plus propre à vous la faire perdre qu'à vous rappeller une idée qui cesse par ma disgrace de vous être agréable : mais je n'ai point oublié, moi, que vous êtes assez généreux pour excuser la priere d'une infortunée qui n'a d'autres ressources dans son désastre que son espérance & votre pitié. Je suis avec un très-profond respect,

MONSEIGNEUR,

Votre &c.

LETTRE II.

Au même.

MONSEIGNEUR,

Je ſçai qu'on vous a remis la Lettre que j'ai pris la liberté de vous écrire des priſons du Châtelet. On m'a depuis tranſférée à la Salpêtriere. J'ai reclamé votre protection pour empêcher que je n'y entraſſe, ou pour m'en faire ſortir quand j'y ſerois, & cependant vous avez non ſeulement ſouffert que j'y fuſſe miſe, mais, ô choſe incroyable! j'y ſuis encore...... Voulez-vous, Monſeigneur, que je doute de votre pouvoir, ou de votre généroſité? choiſiſſez. De quelque côté que retombe ce doute, il me réduiroit à vous offenſer en vous demandant une grace. Pardonnez mon impatience à mon Sexe: de quoi n'eſt-il pas capable pour obtenir ſa liberté? elle a pour moi tant de charmes! elle eſt pour moi d'un ſi grand prix que je ne la croirai pas trop payée de tous les excès de ma reconnoiſſance, pourvû que l'idée du lieu d'où vous m'aurez fait ſortir, n'affoibliſſe pas dans votre imagination le mérite de ma ſenſibilité pour

pour ce bienfait! En tout cas il n'y auroit plus de ma faute, mais bien de la vôtre, Monſeigneur: car au fond ce n'eſt qu'un préjugé dont je me réſerve de vous déſabuſer, lorſque pénétrée de mes obligations j'irai vous en remercier.

En finiſſant ma Lettre, je viens d'apprendre que vous avez eu la bonté de parler à Mr. Herault & qu'il vous a dit que je n'étois pas à la Salpêtriere pour cauſe de galanterie, mais pour une accuſation de vol. Voici le fait.

Il y a un an que cet animal amphibie d'Abbé P..... s'eſt introduit chez moi: il y a voulu exercer un empire qui m'a déplu, cela a fait le ſujet de quantité de querelles dont ſa jalouſie étoit la ſource inépuiſable. J'ai voulu me ſouſtraire à ſa tyrannie; voilà mon crime, & ſon grief. Pour m'en punir & s'en venger il a laiſſé à mon inſçu un trouſſeau de groſſes & petites clefs chez moi afin de prétexter un vol dont il a été ſe plaindre à Mr. Herault. On m'a d'abord incarcérée au Châtelet, & tout de ſuite fait interroger par un Commiſſaire. Tout l'expoſé du Sr. Abbé s'eſt réduit en fumée, attendu qu'on n'a rien trouvé chez moi de ſon prétendu vol, & qu'il auroit fallu que j'euſſe deviné & prévu la noirceur qu'il a eu d'y cacher des clefs, pour être en droit de supposer que j'en eusse pû faire quelque préjudiciable usage. Cet indéfinissable Chrisologue m'est venu proposer de chasser mes amis, de vivre avec lui, & qu'à ces conditions il me feroit sortir de prison sur le champ, mais que si je persistois à ne les pas accepter, il m'alloit faire mettre à la Salpêtriere, où son crédit auprès de Mr. Herault me feroit rester tant qu'il voudroit. J'ai mieux aimé courir ce risque & m'exposer à toute l'iniquité de ce méchant homme que de le recevoir de ma vie chez moi. Voilà, Monseigneur, le fond de mon avanture. Je vous respecte trop & je suis trop naturelle pour vous en imposer. En un mot, je vous assûre, Monseigneur, que ce prétendu vol est une calomnie. Cet Abbé P...... est un Monstre; je suis une innocente opprimée; je vous demande votre protection, & j'y mets toute ma confiance. Je suis avec un très profond respect. &c.

Comme il arrive quelquefois que la voix de l'innocence opprimée est écoutée favorablement des hommes, notre Laïs obtint sa liberté & en femme bien née elle crut devoir en marquer sa reconconnoiſſance au Magiſtrat qui la lui avoit rendue; c'eſt ce qui fait la matiere de la Lettre ſuivante.

LETTRE III.

A Mr. HERAULT *Lieutenant de Police.*

MONSEIGNEUR,

Il n'y auroit en France perſonne de mon Sexe qui pût m'être égalée, ſi j'avois toutes les qualités qui définiſſent une femme de mérite dans un degré auſſi éminent que l'eſt mon antipatie pour l'ingratitude. J'aurois été vous convaincre à votre hôtel à quel point je ſuis douée de la vertu qui lui eſt contraire ſi je ne m'étois reſſouvenue de l'inutilité de cette démarche envers le ſeul Magiſtrat de cette Capitale, qui ne ſçait que faire de la reconnoiſſance d'une jolie femme quand ce n'eſt pas la ſienne. Oui, Monſeigneur, j'ai vû faire tant de cas de ma manière de remercier les gens des obligations que je leur ai, & je ſuis ſi flattée en ce point de l'approbation de mes bienfaiteurs que j'aimerois mieux renoncer à leurs graces qu'au plaiſir que j'ai de leur en marquer ma reconnoiſſance. Il n'y a qu'à vous voir, Monſeigneur, pour juſtifier l'envie qu'auront toutes les femmes de n'être pas en reste avec vous sur le compte des bons procédés. Je ne pardonnerai jamais à celui qui vous a placé d'avoir imaginé de soumettre à Paris la conduite équitable de mon Sexe à la sagesse incorruptible d'un Magistrat qui n'est qu'esprit pour tout le monde & qui n'a de corps que chez soi. Ce n'est pas que je ne sois enchantée de cet esprit qui vous distingue dans le discernement de nos plus fins connoisseurs: mais vous voyez, Monseigneur, ce que je veux dire, & il est inutile de vous tortiller ici ma pensée; je vous avoue donc franchement que je suis dominée par un goût de reconnoissance terrestre qui me rend tout autrement sensible aux obligations que j'ai à l'esprit, lorsqu'il partage avec le corps l'administration de ses graces & de ses faveurs: leur confédération dans les services qu'on me rend, a de grands charmes pour moi. Il est bien humiliant pour ma figure & pour mon age de n'avoir rien à votre gré d'équivalent à la précieuse liberté que vous venez de me rendre. Si vous vous avisiez, Monseigneur, de charger Mr. l'Abbé P...... (qui vous a paru si zélé pour ma conversion) de le charger, dis-je, de votre procuration pour recevoir mes remer-

cie-

ciemens, il percevroit les droits que je vous donne ſur ma reconnoiſſance avec un empreſſement tout au moins égal à celui de prendre poſſeſſion de l'un des gros lots de la Feuille des Bénéfices. Mais vous ſçavez, Monſeigneur, que j'ai d'auſſi juſtes raiſons de lui donner mon excluſion, & de ne le pas agréer pour votre ſubſtitut, que la Cour en a de ne le point admettre aux récompenſes de l'Egliſe, & de l'érudition. Me voilà donc réduite à vous être infiniment obligée, ſans aucun eſpoir de vous faire au moins agréer une révérence comme la ſeule rétribution dont vous permettez qu'on paye vos graces. J'avois cependant formé le deſſein de ſauter votre indifférence à pieds-joints, & d'aller vous demander acte chez vous que je ne ſuis pas une ingrate; mais la Salpétriere d'où je ſors m'a encore laiſſé aſſez de pudeur pour ne pas franchir publiquement à votre audience la honte d'y avoir été. Ce n'eſt point à vous, Monſeigneur à qui je m'en prens: je ſçai à qui j'en ſuis redevable, je m'en conſole par l'honneur que j'ai eue de vous y connoître, & dont ſans cet événement j'aurois été privée. Puiſque vous êtes en train, Monſeigneur, d'avoir de la bonté pour moi, & qu'indépendamment de la peine que

 me

me fait l'inutilité dont je vous ſuis, votre protection m'eſt devenue un bien néceſſaire. Je vous ſuplie de conſiderer que ma ſanté eſt altérée par mon long ſéjour à la Salpêtriere, qu'elle a beſoin d'être rétablie & que d'ailleurs par une ſuite funeſte de ma détention, j'ai trouvé tous mes petits effets engagés, diſtraits ou perdus, en ſorte que deſtituée des reſſources dont je pouvois diſpoſer, je me trouve dans l'impuiſſance d'exécuter l'ordre de m'éloigner pour un tems à cinquante lieues de Paris. Je vous demande, Monſeigneur, un ſurſis de ſix mois pour mes affaires & ma ſanté. Ce feroit une choſe où vous feriez méconnoiſſable, ſi après avoir ſubi un châtiement qui n'a pour cauſe, que le malheur d'avoir ſouffert un effronté chez moi; ſi, dis-je, après avoir été ſacrifiée à l'artificieuſe impoſture d'un débauché qui n'a de conſidération dans le monde que celle que lui prête ſa Garde-robe, je n'obtenois pas de votre humanité & de ma confiance, ce petit adouciſſement à mes peines: vous ne me refuſerés pas cette derniere faveur, ſur-tout en vous proteſtant que vous n'entendrés parler de moi que comme d'une voix déſormais conſacrée à publier toutes vos vertus. Je ſuis avec un très profond reſpect. &c.

PEN-

PENSÉES

diverſes ſur les filles d'Opéra.

Il n'y a point d'Etat ſi difficile à gouverner que l'Opera.

La Loi de l'Oſtraciſme s'y eſt renouvellée de nos jours.

Il ſeroit à ſouhaiter que ce fut une femme qui en eut la direction, on ſeroit ſûr du moins que ce ſeroit un homme qui gouverneroit.

On fera bien de rétablir l'Opera-Comique ; c'eſt l'endroit où la plûpart des Actrices font l'épreuve de leur vocation & eſſayent leurs talens pour le chant, la danſe & la galanterie.

La plus grande utilité dont il étoit pour l'Opera, n'étoit pas de lui payer tribut, mais de lui fournir des ſujets, & de lui élever de jeunes Actrices & de jeunes Danſeuſes dans toutes les vertus de leur état.

L'Opera-Comique étoit un ſéminaire où l'on avoit ſoin de former leurs mœurs & de cultiver leurs talens, & d'où l'Opera tiroit ſes meilleurs ſujets.

Si le Magazin ne fournit point de ſujets à l'Opera, c'eſt qu'on ne lui donne pas le tems de les former, & qu'on les débauche en chemin.

Ce qui a dégoûté les Actrices, & les Danſeuſes de former des Eleves, c'eſt qu'elles ne profitent de leurs leçons que pour les ſupplanter, & leur enlever leurs Amans.

La Galanterie eſt un art où ſouvent la Maîtreſſe eſt la dupe de l'Ecoliere, & où vous donnez des verges pour vous foüetter.

Ce n'eſt ni à l'ancienneté, ni à la faveur à diſpoſer des Rôles, mais au mérite & à la convenance.

A mérite égal, c'eſt à l'Actrice la plus jeune, & la plus jolie à avoir la préférence.

La crainte d'une diſgrace injuſte ne doit pas l'empêcher de ſoutenir ſes droits.

Il n'eſt pas permis d'être jeune, jolie & ſage à l'Opera.

Trop de mérite y nuit: on n'efface pas les autres impunément.

Il n'eſt pas néceſſaire d'être jeune & jolie pour y faire fortune. Le manège & les talents y peuvent tenir lieu de beauté.

L'Ope-

L'Opera eſt un Perrou pour les filles qui y entrent, quoique leurs apointemens ſoient très médiocres.

Il y en a telles qui ſont ſans apointements, ou qui les abandonnent au Directeur pour y reſter.

Quel abus! que toute fille qui veut entrer à l'Opera pour le chant, ou pour la danſe, ſoit obligée de rendre au Directeur & au Maître de Ballets le même hommage, que les nouvelles mariées de la Troade étoient obligées de rendre au Scamandre!

Tout ſe vend, tout s'achette, tout a ſon prix à l'Opera. Une place, un Rôle, un Air, un Pas, & juſqu'à une Queuë.

Depuis que les Robes de Cour ſe ſont introduites à l'Opera, il n'y a pas juſqu'aux filles de Chœurs qui ne portent des manchettes à cinq rangs.

Il n'y a point d'endroit où le Luxe & la Luxure ayent fait de nos jours plus de progrès qu'à l'Opera.

Les filles de l'Opera ont aujourd'hui plus de pierres fines, qu'elles n'en avoient de fauſſes autrefois.

Leur en donner c'eſt être dupe : leur en prêter, c'eſt courir grand riſque : on n'en eſt pas toujours quitte pour les perdre.

Ja-

Jamais les femmes de Théatre n'ont eu tant de crédit. Il n'y a rien dont elles ne viennent à boût pour peu qu'elles se donnent de mouvement, & on ne réussit aujourd'hui que par leur canal.

Les filles d'Opera ont partagé entre elles le Gouvernement. L'une a le département de la Guerre: l'autre celui des Finances: celle-ci les affaires de Religion; & celle-là le maniement des affaires étrangeres.

Si elles connoissoient leurs forces, & pouvoient s'accorder ensemble, elles gouverneroient la Cour, la Ville & les Provinces.

Les filles ne devroient point rester à l'Opera passé cinquante ans. N'est-il pas ridicule à cet âge de vouloir représenter Venus. On sçait bien que les Déesses ne vieillissent point; mais encore faut-il qu'elles ayent des dents?

Il y a telle fille à l'Opera qui a dansé dès le ventre de sa mere.

Les Danseuses ont un grand avantage; c'est de pouvoir changer quatre ou cinq fois d'habits & de coëffures pendant un Opera.

Les filles d'Opera, qui deviennent grosses, ne sont pas toujonrs les moins sages.

Quand

Quand une fille d'Opera n'a que trois Amants à la fois, il n'y a rien à dire. Il lui en faut pour le plaisir, pour l'honneur, & pour l'interêt.

Les premieres faveurs des filles d'Opera sont celles qui coûtent le moins, & qui sont les moins dangereuses.

Le plus grand danger, avec les filles de l'Opera n'est pas de se ruiner.

Il n'y a pas avec elles de meilleurs préservatifs que la crainte.

Une crainte salutaire est le premier effet de la grace, & le plus solide remede contre la tentation.

Les scrupules éclairés d'une conscience délicate sont à préférer à la folle confiance d'un zele aveugle.

Il est aisé de se faire illusion sur la pratique des voyes intérieures.

Il en est de saines & de pures, & celles-là sont les Canaux par où coulent les véritables graces ; mais il en est aussi d'impures, & de corrompuës, où l'on ne sçauroit entrer sans danger & sans s'exposer au repentir le plus cuisant.

Comment démêler des voyes qui se ressemblent si fort & d'où l'on sort si différent ? Un peu de défiance sur une matiere

matiere ſi délicate eſt bien pardonnable. On peut ſe diſpenſer pour ſa conſervation d'un uſage qui n'eſt établi que pour le plaiſir.

FIN.

www.ingramcontent.com/pod-product-compliance
Ingram Content Group UK Ltd.
Pitfield, Milton Keynes, MK11 3LW, UK
UKHW022107260726
13993UKWH00001B/360

9 782329 309095